车纯纯

献给教会我永远热爱生活的人
我的父亲　车恒俊

极简自律

如何活出想要的人生

车纯纯——著

中国纺织出版社有限公司

内容提要

本书本着实践落地的原则，从认知、工具、方法着手，借助知识阐述、案例讲解及落地练习，系统地介绍了从0到1搭建自我管理系统的方法，包括时间管理、效率提升、精力优化、目标管理、习惯养成和人生规划等。本书所讲述的内容逻辑清晰、可操作性强，遵循个人成长的客观规律，帮助读者从具体可测量的微行动开始，逐步建立自己的高效人生系统，打造核心竞争力，在职场、商业等环境中脱颖而出。本书适合职场人士、中高层管理者、创业者、自由职业者等希望提升效能的人士阅读。读者可根据自身的情况，结合书中的方法，系统地提升个人效能，实现生活和工作的平衡。

图书在版编目（CIP）数据

极简自律：如何活出想要的人生 / 车纯纯著.--北京：中国纺织出版社有限公司，2023.6（2024.5重印）
ISBN 978-7-5229-0401-6

Ⅰ．①极⋯ Ⅱ．①车⋯ Ⅲ．①自律—通俗读物 Ⅳ．①C933.41-49

中国国家版本馆CIP数据核字（2023）第043187号

责任编辑：郝珊珊　责任校对：高　涵　责任印制：储志伟

中国纺织出版社有限公司出版发行
地址：北京市朝阳区百子湾东里A407号楼　邮政编码：100124
销售电话：010—67004422　传真：010—87155801
http://www.c-textilep.com
中国纺织出版社天猫旗舰店
官方微博 http://weibo.com/2119887771
天津千鹤文化传播有限公司印刷　各地新华书店经销
2023年6月第1版　2024年5月第3次印刷
开本：880×1230　1/32　印张：7.5
字数：228千字　定价：58.00元

凡购本书，如有缺页、倒页、脱页，由本社图书营销中心调换

自序
如何活出理想的人生

感谢你翻开这本书。

我相信,这一定不是你第一次读关于自我管理的书。此刻你内心可能在想,希望这本书不要堆砌一堆"正确的废话",而是真的分享一些能实战落地的方法。我非常理解,因为我自己读书的时候,也对作者有着这样的期待。毕竟阅读此类书籍最终的目的,不是学习一堆概念,而是解决自己实际面临的问题。

所以,在这本书中,我将与你分享我在11年的自我管理实战中,从无到有发展并逐步完善的一套自我管理系统,从认知、知识、工具到方法,一步步陪伴你落地并取得成果。

这篇自序就是一份专门为你准备的本书的使用说明书,以便你更好地了解我和这本书将如何为你提供服务。

这本书一共分为两个部分,第1章单独作为第一部分,在这一章,我要破除你对"自律"可能存在的错误认知。如今有太多关于自律的文章,都在强调"坚持""意志力""自我控制",同时不断地渲染"懒惰"的危害,号召我们用意志力帮助自己抵抗诱惑,做一个自律的人。

但是,用有限的意志力资源,去对抗人类进化过程中刻在基因里的"人性",真的有用吗?即便你再虔诚地希望自己成为一个自律的人,还是会看到美食就想吃,想到跑步就怕累。在一次次"成为更好的自己"和"满足当下的自己"的选择中,一番纠结后选择了后者。

我也曾在很长一段时间里，陷入对自己"不自律"的谴责中，希望自己能多一点"意志力"。但后来，我搜集并践行了各种各样的自我管理方法，意外地发现那些我最后真正能落地的方法，不但不让我感到痛苦，反而能帮助我积累成就感和幸福感，比如记录时间、3分钟日复盘，这种满足感反过来会进一步激励我继续坚持。

所以，在第1章里，我们将一起重新认识自律，讨论如何顺应人性地自律，让自我管理这件事能自然地长期坚持下去。

本书的第二部分是实战环节，我为你设计了一条由易到难的成长路径。

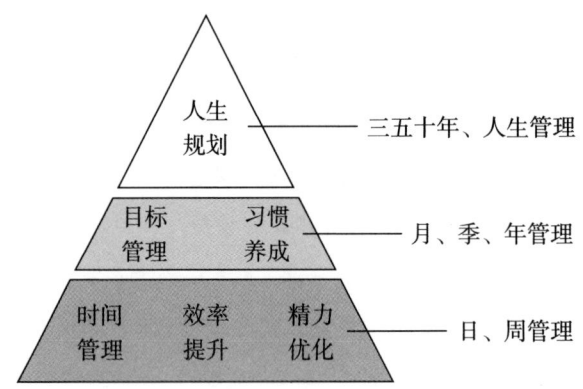

第一阶段，通过第2到第4章的时间管理、效率提升、精力优化三大基础板块，锻炼我们对日、周的管理能力。第二阶段，通过第5章目标管理和第6章习惯养成，我们开始涉及更大维度的月、季、年的管理。有了第一阶段和第二阶段的实战积累后，我们进入最后一章——人生规划。

也许你会感到奇怪，一般同类型的书籍都会强调从"目标管理"开始，但在多年的教学实践中，我发现很多目标之所以达不成,都是因为目标本身设计就不合理,而这种不合理的根源,大多是高估了自己当前拥有的资源和能力,同时低估了目标本身的难度。这就好比不知道兜里只有1元钱的情况下,乐观地希望买到一瓶10元的饮料。

反之,如果能盘点清楚自己当前的时间、精力、金钱、人际关系等可运用的资源,再结合对目标的合理预估和拆解,达成目标的概率就大大增加了。正所谓,成功的捷径就是没有捷径。基于现实情况,扎实地去行动,就是达成目标最快的方法。

所以我重新设计了这条帮助我们的主观努力符合客观规律的成长路径,希望能帮助你先全面了解自己当前的情况,并在此基础上,一步步扎实地从0到1搭建自己的自我管理系统。

我在这篇说明书里多次提到了"系统",这也是我在11年实战中发现的长期坚持自我管理的核心秘密。一个人如果真正掌握了科学的自我管理方法,进入了长期做好自我管理的状态,就会在工作和生活中的方方面面展现出来,包括充分运用好自己的时间,精益求精地提升效率,保持良好的精神状态和充沛的体力,有清晰的目标和达成计划,培养良好的工作和生活习惯,以及拥有长期的人生规划和愿景等。每天都充实而美好,既能向着目标扎实地前进,也能充分享受人生当下的每一刻。

当我们进入这种状态时,也许就能被称为"活出了自己的理想人生"。

相信你已经感受到了,这本以"自我管理"为主题的书,想讨论的主题已远远超出了自我管理的范畴,你在这里能收获的也许比你想象中的多。

在正式开启自我管理的旅程之前,我想与你分享我19岁时创办的自我管理品牌NOW主义的含义：最好的时间就是现在。

如今11年过去了，我从一名大学生成长为一个创业者、一个高效能培训教练，我仍然坚定不移地相信和践行着这句话。

最好的时间就是现在，让我们现在就一起开启成长之旅吧。

车纯纯

2023年3月

目录
Contents

1 第1章 学会自律 一切尽在掌握

1.1 自律的意义　2
1.2 五大常见自律误区　4
1.3 学习自律的正确姿势　14

19 第2章 时间管理 活在不焦虑的当下

2.1 秘密：从记录开始　20
2.2 时间管理四象限的局限　28
2.3 时间管理三分法　34
2.4 神奇的3分钟日复盘　43

51 第3章 效率提升 高效工作快乐生活

3.1 高效工作五步法　52
3.2 生活工作巧平衡　61
3.3 四招搞定执行力　68
3.4 三步提升时间利用率　79

87 第 4 章 精力优化 保持你的最佳状态

- 4.1 身体是个万年老古董　88
- 4.2 体力：睡好吃好运动好　92
- 4.3 情绪：情绪管理四步法　102
- 4.4 心态：优化心智模式　112

121 第 5 章 目标管理 如何做到知行合一

- 5.1 目标管理神器个人 OKR　122
- 5.2 找到目标 O 和达成路径 KR　128
- 5.3 计划 P 让目标与现实接轨　142
- 5.4 用复盘为目标闭环　150

163 第 6 章 习惯养成 小习惯成就大改变

- 6.1 长期坚持的终极秘诀　164
- 6.2 设计自己的好习惯　169
- 6.3 克服习惯养成三大难关　179
- 6.4 告别半途而废　185

193 第 7 章 人生规划 成为自己的战略家

- 7.1 做热爱又赚钱的事业　194
- 7.2 打造独特优势　202
- 7.3 做顺势而为的聪明人　210
- 7.4 制订自己的人生战略　218

后记　227
推荐阅读书单　230

第1章

学会自律 一切尽在掌握

CHAPTER 1

自律的意义

你好,欢迎和我一起踏上自律之旅。在正式讨论如何自律之前,我想先请你自问自答三个问题:

我想成为自律的人吗?

我认为自己现在是一个自律的人吗?

如果不是的话,是什么阻碍了我变自律呢?

我想大概率你对这三个问题的回答会是:

想。

不算是。

可能我太懒了,或者我使用的方法不对,原因很复杂,说不清楚。

仔细想想便觉得有趣,人们每天都在寻找能够帮助自己提高生活品质和幸福指数的知识、工具、方法。自律无疑是公认的最有价值的品质之一,可真正想要变得自律时,大家却普遍有一种无从下手的感觉。

造成这种情况的原因有很多,比如对自律有错误的认知,使用的方法和工具不适合自己,没有自律的氛围无法坚持,等等。

还有一个关键原因是,自律这样一门如此重要的实践型学科,在我们从小到大近二十年的学校教育和家庭教育中,却几乎处于缺失状态。读书的时候,我们的学习时间和内容由老师和家长安排;参加工作后,工作的时间和内容由领导和公司决定。关于如何践行被安排好的计划，我们积累了丰富的经验。但是，当我们经济独立、生活独立后，面对自己的时间、精力、金钱这些可支配资源，却很容易陷入新的困惑：如果没人告诉我现在该干什么，我该干什么呢？

突如其来的自由，看似轻松的没有束缚的人生状态，其背后却隐藏着更加沉重的责任：自己选择，自己负责。

于是一些人走上了探索之路，研究如何通过自我管理，更充分地用好"自己"这个宝贵的资源；而另外一些人则感受到一种巨大的解脱感，过上了上班摸鱼下班躺平的生活。

可想而知，十年，不，也许只要三五年之后，这两类人的生活状态就会完全不同。前者每天忙而不乱，通过合理安排自己的工作和生活，不断地积累经验、认知、人脉、金钱等人生发展必需的资本，最终实现各项短期目标和长期规划，一步步构建自己的理想生活状态。后者则混沌度日，仅按照工作需要完成最少的任务，以便混口饭吃。老本吃完跟不上公司的发展要求了，才发现自身已停滞许久。同时因为缺乏自控，养成了长期熬夜、久坐、饮食不规律等不良习惯，身体素质也大不如前。能力和体力都跟不上的时候，自然免不了被后来者替代。

重视自律和不重视自律的两类人，其人生从此走向了完全不同的道路。

摆脱家庭、学校、公司乃至社会的约束，并不意味着一个人达到了自由的状态。真正的自由是财务自由、时间自由、免于疾病和贫困困扰的自由，而自律就是通往真正自由的唯一道路。

所以，今天我们在谈论为什么要自律时，讲的不是单纯约束自己几点起床、几点睡觉，而是在讨论我们要如何引导自己活出想要的人生。

　　回顾历史，无论在人类发展的哪个阶段，巨大的成功都只属于能在同一时间集齐天时、地利、人和这三大要素的极少数人。但每个人都可以掌握自律的正确方法，通过自我管理活出更高效、充实、幸福的人生。

　　觉知清醒的状态下，按照自己的意愿，度过丰富的一生，这就是自律的意义。

1.2

五大常见自律误区

　　有一个非常反常识的事实：今天我们对自律的了解，并不是太少，而是太多了。来自各个媒体渠道的五花八门的信息，数量繁多又真假难辨，即使真的花时间一个个试下来，也不一定能找到适合自己的自律方案，反而还会消耗我们巨大的心力和意志力。

　　所以在正式开启自律之旅前，我们非常有必要先一起了解自律的五大误区，解除自律焦虑，轻松上阵。

💡 误区一：牛人很自律，就我不自律

　　自律如今是一个很热门的话题，有"哈佛凌晨四点半"这样人人皆知的自律故事，也有"全球公认最佳作息表"的自律指导方案，各大平台上一搜，马上跳出各种精致的每日自律Vlog。

　　相信你一定看过类似下面这些题目的文章和视频：

所有优秀背后，都是苦行僧般的自律。

如何成为一个极度自律的人？

你敢不敢用一年时间，彻底改变自己？

唯有极度自律，才能成就梦想！

不自律，是怎样慢慢摧毁一个人的？

一个自律的人有多可怕。

……

从这些用词中，不难看出大家对自律有着极其强烈的诉求，但反观我们的生活，看到的却大多是这样的场景：

场景一：下定决心要自律，坐在桌前，认真地写下一张计划表，包括：每天6点起床，看书1小时，每天运动30分钟……第二天闹铃响了，觉得还挺早，美滋滋地打开了手机上的短视频软件……然后，就没有然后了。

场景二：准备一份工作汇报PPT，明明还有一大堆资料没看，却趴在床上不停刷手机。其实事情本身并不复杂，内心也并没有觉得多排斥，但就是没办法开始看文件，一拖拖到大半夜。

场景三：晚上想着辛苦了一天了，看一集电视剧放松一下。结果一集看完意犹未尽，看了一集又一集，最终通宵看完了所有已更新的剧集。过程中甚至上厕所都憋到不行才肯去，或者带着iPad一起去……

这不得不令人疑惑，为什么拖延的自己和那些网络上自律的牛人，好像是完全不同的两个物种。这种强烈的对比导致很多人产生了一个巨大的误区——认为牛人都很自律，就我不自律。

但事实上，和网络上的精修照片一样，这些展示出来的"特别完美""非常强大""极度自律"几乎都是被加工和包装过的。至少要去掉50%的夸张程度，才大约是对方生活里真实的样子。

举个例子，过去10年，我的平均年阅读量在50~60本，但并不是通过"每天读书1小时"做到的，而是有的时候一天读2本，有的时候一个月1本也没看完。按照"每天阅读1小时"的标准，我一定算不上是一个自律的人。但从10年阅读了六七百本书的现实来看，我还算是一个有结果的人。所以当我说出我的阅读量时，大家就会自动为我贴上"自律"的标签了。

因此，自律只是一种表现出来的状态，而非这个人本身。不存在完全自律的人，只有自律的行为。也不存在绝对拖延的人，只有拖延的行为。正常人就是既有自律行为，也有拖延行为的人。而大部分的人，包括你、我、我们在身边和网络上接触到的所有人，都是正常人。

所以，自律更好的做法是，看别人100%自律的完美故事，过自己50%自律的真实生活，并努力提高自己自律行为的比例，减少拖延行为的比例，这样我们就已经可以算是一个自律的人了。

💡 误区二：要成事就要坚持自律

大家对自律的第二个根深蒂固的误区，是认为要成事就要坚持自律。我们会自然而然地觉得，坚持自律是"因"，而减肥成功、戒烟成功、情绪稳定、持续阅读、持续输出等，都是坚持自律的"果"。

这样的想法有什么问题呢？我们来举两个例子对比一下。笨笨和大明是同一家公司的同事，也是我们之后一些故事场景里的两个主人公。

笨笨坚持每天早上6点起床，但不知道起来干什么，会直接刷手机到7点半，再起床准备上班。他还办了健身房的卡，每周去3次健身房，但每次都花一半的时间摆拍、聊天、洗澡，健身器材常常练几下就心满意足地放下了。

大明一周只有三四天能在7点起床，但起床后会看书1小时，大约2~3周能看完一本书，并输出成读书笔记，2年在豆瓣写了三十多篇笔记。他没有在健身房办卡，自己通过运动和饮食减肥，有时也会犯懒和贪吃，但最终半年内成功减重了5斤。

比较一下，笨笨和大明谁更自律呢？

其实我们平时说的自律，大多是狭义的自律，指一个人能够要求自己固定在某时某刻做某件事，并能够长期坚持。但实际上，我们的日常生活构成非常复杂，持续地固定某时某刻做某事并不现实，也并不代表一定能够达成最终理想的结果。

我刚开始创业时，没钱雇员工，很长一段时间都是一个人做所有的事情，这些事情里很多都是我从未做过，更谈不上擅长的。因为又忙碌又焦虑，那段时间睡眠很不规律，晚上结束工作后也会报复性熬夜、刷漫画来解压。

按照狭隘的自律的标准，我没办法固定某时某刻做某事，或者每天的生活节奏比较规律，我一定是不自律的。但经历了这段过渡期后，我顺利拿到了创业的第一阶段成果，并在不久之后就调整到了更健康的生活作息和工作状态。

所以单纯形式化的自律并不等于一定会获得成果，要成事，关键是在正确的时间节点，付诸正确的行动。比起要求自己重复简单模式化的行为，我们更应该把注意力放在思考什么是当下真正应该做的事情上。

在这里，我们也要重新定义一下自律：自律不是指固定某时某刻做某事，而是能通过自我管理来调动资源，达成目标。拿到成果才是自律真正的目的，比坚持所谓"自律的行为"更重要。

💡 误区三：自律是反人性的

几乎所有人都会认同"自律是反人性的"这个观点，认为人性当中固有的懒、贪婪、短视、三分钟热度等特性，让我们无法轻松自律。

但深究这段话，会发现一个非常矛盾的地方，那就是人性本身其实是很复杂的，包含好奇心、占有欲、食欲、性欲、敌意、善意、创造欲、破坏欲、表现欲、嫉妒心、保护欲、安全感、恐惧感、崇拜感、孤独感和懒惰，等等。

对照一下自己，以上这些人性的组成部分，我们都能在自己身上找到。

究其原因，我们要退后一步，向动物学家学习，他们认为：生物和动物学所描述的才是客观真实的人。也就是说，动物性就是人的本性，就像刚出生的婴儿只知道吃喝拉撒，理性思考、遵守交通规则等行为，都是后天在社会群体中习得的。

所以我们讨论"人性"时，要同时考虑到动物性和社会性两个基本构成部分。

如果非要将复杂的人性构成分成好坏两面的话，好奇心、善意、创造欲、表现欲应该都是人性当中正向的一面。而破坏欲、嫉妒心、懒惰则代表人性当中的负面。其他大部分很难区分，只能算是中性的。既然人性的构成这么复杂，我们就不能直截了当地说自律是反人性的。

更有趣的是，继续往下分析，就会发现这些所谓的人性的阴暗面，或者说缺点，从另一个角度来看也是人性的优点。

比如懒本身有利于生物节约能量、维持更长久的生存状态。贪婪的背后也许是我们的好奇心在起作用，也许是我们为了应对充满不确定性的外在世界而采取的未雨绸缪的措施。短视换个角度看，就是活在当下。三分钟热度能够帮助我们广泛涉猎，增加碰到真正热爱的事的概率。

从另一个角度来看，自律带给我们的，并不都是"咬牙坚持""痛苦煎熬"的体验。恰恰相反，能够持续自律并获得成果的时刻，一定是我们平淡生活中的"高光时刻"。比如读完一本经典好书之后的豁然开朗，跳一小时操之后的身轻如燕，或是实现了一周早睡早起之后的精神焕发。

我相信，或多或少，每个人都曾有过凭借自律获得成果的愉悦体验。

所以人性是复杂的，它有时候会出来帮我们，有时候会出来害我们，关键还是在于我们如何主动出击，聪明地调动自己的人性实现目标。

其实无论是牛人还是普通人，只要是人，就都有一样的人性。

比如，世界级大文豪列夫·托尔斯泰，写下过这样的日记。

1858年9月19日：很愉快。决定了，应当爱、应当劳动！就这样。

1858年9月20日：很累。不想爱了，也不想劳动了。

想象一下大人物和我们一样饱受困扰的画面，在忍俊不禁的同时，我们应该意识到，从人性出发，人人皆凡人。真正能够拉开人和人差距的，其实是如何科学自律的认知、工具和方法。

所以自律不是在反人性，正确的自律反而需要顺应人性。挖掘和调动人性中的积极面，接纳和应对人性中的消极面。

误区四：自律需要强大的意志力

因为在传统观念里，自律往往代表着坚持早起、坚持阅读、坚持健身。所以很多人一提到自律就认为，自律需要强大的意志力，能够做到自律的人都是意志力很强的人。

实际上，意志力与其说是一种能力，不如说是一种有限的资源。

把意志力想象成一大桶水，每天早上我们起来的时候，每个人桶里的水都是满的。但在接下来一天的工作和生活中，我们需要把这些水再倒进不同的小桶里面，这些小桶包括工作、家庭、学习、锻炼、人际等。

所以意志力虽然可以提升，但上限很低，牛人的意志力资源也是有限的。用好意志力的关键不是培养意志力本身，而是有技巧地使用和分配意志力资源。

斯坦福大学曾做过一个著名的棉花糖实验。实验者让参与测试的孩子，独自待在一间放着一块棉花糖的房间里，并和孩子们说，如果忍不住可以吃掉它，但如果能坚持15分钟不吃，就可以得到第二块棉花糖作为奖励。实验的统计结果表明，最终只有三分之一的孩子没有吃棉花糖。

实验人员继续跟踪研究参与测试的孩子们的成长，发现那些没吃棉花糖的孩子，在学习成绩、社交能力、适应能力等方面，都要明显好于那些吃了棉花糖的孩子。于是研究者得出结论，拥有延迟满足能力，也就是自控力、意志力更强的孩子，更容易获得成功。

但后续研究发现，那些没吃棉花糖的孩子，其实也采用了很多方法来转移自己的注意力，比如玩玩具、自言自语等。这些行为降低了意志力的消耗，有效延长了意志力的使用时间。

了解意志力的两个特点，能帮助我们更好地运用这一稀缺资源。

意志力的第一个特点是意志力的强弱和人的精力、体力高度相关。一般一天当中人的意志力在早上最强，然后逐步减弱，晚上最弱。这也是为什么把阅读、写作、锻炼等一些感觉对自己意志力要求比较高的行动，放在早上会更容易完成。

意志力的第二个特点是一件事在启动的时候，对意志力的需求最大，一旦养成习惯，做同一件事时，对意志力的需求就变小了。以培养阅读习惯为例，第一个月里每天都需要动用意志力才能让自己坚持阅读。但是到了第二个月，可能只有一半的时间需要刻意调用意志力，剩下的时间，我们下意识地就会去打开书阅读。两个月之后，阅读习惯已初步养成，大多数情况下我们都能主动去阅读，只有其他10%的情况，还需要再调动意志力。所以，通过习惯养成，在同一件事上，我们可以逐步减弱对意志力的依赖。

所以，真正可持续的自律，不是要求我们有多么强大的意志力，而是需要我们掌握一套合理分配意志力的方法。

误区五：自律就是靠自己

很多人认为自律就是自我约束，自己管理自己，所以凡事都应该从自己身上找原因。但忘了人是时刻生存在社会关系中的动物，脱离了他人以及社会影响来谈论自律，只会让自律变得愈加艰难。

这里我们需要引入一个与自律相对的概念：他律，指非自愿地受他人约束、检查和监督。

他律广泛地存在于社会的各类组织中，深刻地影响着我们的生活。例如，作为中国公民，我们首先受我国通用的法律和道德的约束；其次，工作时我们接受所在公司内部制度的约束；最后，生活中每个家庭里也有一套持续运转的基本规则。这些外部约束看似是他人在管理我们，但也实实在在地削弱了自我管理的压力。社会有清晰的法律条文，我们就不会去做害人害己的事；公司有明确的上下班时间，我们就容易进入规律的生活状态；家庭有内部的分工协作，我们就会承担起自己应该负的责任。

在这之外，没有任何外部管理和约束的区域和时间，就要纯靠自己的自律了，自律和他律在社会中的关系见图1-1。

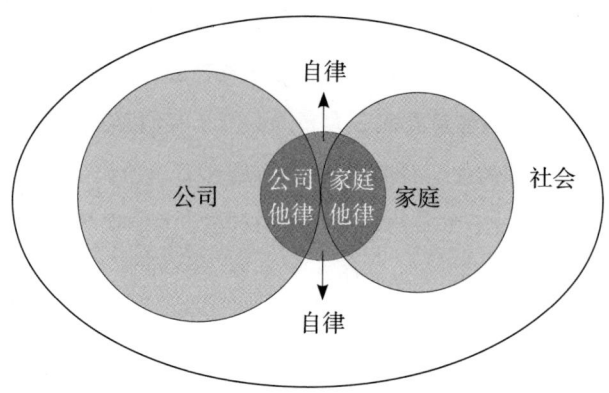

图1-1　自律和他律在社会中的关系

这也能解释为什么有正式工作、家庭有自律氛围的人更容易自律，而那些全职在家独自办公的人则很难做到自律。因为前者需要自律的时间少，压力小，更加从容；而后者缺乏他律约束，所有的事都需要调动自己的意志力来安排，任务重、损耗大，很难自律。

运动员、艺术家等拥有顶尖技能的人，非常能体现自律跟他律结合的作用。比如乒乓球女王邓亚萍、世界级钢琴家郎朗、奥运冠军谷爱凌，这些杰出人物的成就不光来自个人努力，他们所处的训练环境也承担了重要的他律作用。例如，严格的教练指导，同样刻苦训练的队友，以及来自对手的良性竞争。这些因素组合在一起，构建出自律和他律共同作用的环境，最终帮助他们克服了数年如一日的艰苦训练，使他们获得了卓越的成果。

所以，环境对自律的影响远超我们过往的认知。别想着只靠自己自律，而要努力置身于他律的环境中，借用他律分担自律的压力。比如去公司上班、去咖啡厅写作、参加训练营共同学习等。

总结一下，常见的五大自律误区以及我们需要更新的认知如表1-1所示。

表1-1 常见的五大自律误区及对应正解

序号	自律误区	自律正解
1	牛人很自律，就我不自律	不存在完全自律的人
2	要成事就要坚持自律	要成事只需正确行动
3	自律是反人性的	正确的自律顺应人性
4	自律需要强大的意志力	自律需要正确分配和使用意志力
5	自律就是靠自己	正确借助他律，减少自律压力

所以，真正的自律，不是要成为一个意志力坚强的钢铁巨人，而是用科学的自我管理方法，一步步引导自己，取得成果。

人生也并非一定要追求刻苦艰难，我们可以通过掌握科学的自律方法，做到该努力时正确用力，该享受时自在体验，累了也能无负担地放松躺平。真正活出自由自主、丰富多彩、不焦虑的人生。

学习自律的正确姿势

了解了常见的自律误区,在踏上学习自律的旅程之前,我们先来了解一下,学会自律到底会经历一个什么样的过程。

在此之前,当我们想学习自律时,第一反应一定是去各大网站上搜索,然后就很容易看到下面这些内容:

◎ 精选"30+"励志自律金句,每天一遍防止颓废。

◎ 只要2步,让你自律上瘾(方法派硬核干货)。

◎ 10张自用各类打卡清单表。

◎ 12个自律App,告别拖延,效率翻倍。

不得不说,从文字描述上来看,这些信息好像真的很有用,但当我们试图落地的时候,却总会有一种眉毛胡子一把抓、东一耙西一耙的感觉,很难产生实际的效果。这是为什么呢?

要想解决这个困惑,首先我们要明确,自律本身是一个实践性学科,仅仅学习书面知识远远不够,还需要通过练习真正掌握,并在实践中落地。

如果我们将实践的过程拆分成知和行,知的部分就包括,认知——知道为什么做,以及技能——知道怎么做,技能本身还包括系统学习知识、工具和方法。在此基础上,还要持续行动,在过程中精进,最终才能达到真正的知行合一。

举个例子,提到时间管理的概念,我们能想到的相关要素有:

◎ 知识:一天有24小时。

◎ 工具：闹钟。

◎ 方法：定个睡前30分钟的提醒闹钟，帮助早睡。

◎ 认知：时间有限，必须做取舍。

◎ 技能：井井有条地安排和处理各项事务。

单独掌握知识、工具、方法或认知，都不足以帮助我们做到时间管理。只有将这些要素有机地组合起来，通过一段时间的有效训练，才能真正地掌握管理时间的能力。图1-2反映了认知、技能和行动是如何帮助我们实现知行合一的，其中技能包括了知识、工具和方法三个要素。

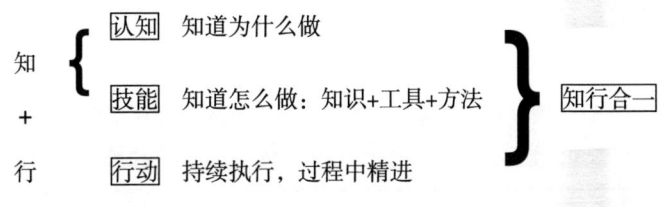

图1-2　认知、技能和行动与知行合一的关系

所以，不同水平的自律，其差别不亚于自行车和跑车之间的差别。外形、零配件、装配方式的全然不同，导致最终表现出的性能也是完全不一样的。

要学习自律这门实践型学科，需要进行综合认知提升和技能学习，并在不断的实践中，真正地运用自如。

| 本章小结 | 学会自律，从破除误区开始 |

自律不是狭隘地在固定的时间坚持做某事，真正的自律是引导自己活出想要的人生。

想要自律，就要先了解自律的五大误区。了解到不存在完全自律的人，我们只需要提高自己行为中自律行动的比例即可；要把事做成，关键不是自律，而是采取正确的行动；自律并不是完全反人性的，正确的自律应该顺应人性；我们不用要求自己有强大的意志力，而应该学会合理分配和使用意志力资源；最后，自律不需要完全靠自己，我们可以借助他律来减少自律的压力。

自律是一门典型的实践学科，需要同时掌握认知和技能，并持续实践。

落地作业　请结合本章内容更新你对自律的认知

请结合本章对自律的解读，以及你过往的经历，写出1~3个你对自律这件事的新认知，并找到一个借助他律辅助自律的具体方法。

加餐小锦囊　如何做到知行合一

知行合一难不难？非常难！可以说是最有难度的事之一。

分析一下我们做不到知行合一的原因，会发现关键在两点，一是知道的不相信，二是知道的做不到，只有知道、相信和做到，三者同时发生，才能称得上是真正的知行合一。

了解了知行合一的要点，我们在学习实践型学科时，可以遵循两条行动原则。第一，知道了先别思考，直接相信。因为这时候我们没有任何实践的经验，也就没有相应的辨别能力，不如直接相信有成果的人能教会自己。第二，相信了先别停下，直接行动。因为相信是对对方成果的认可，想要拿到自己的成果，必须亲自对知识进行化用和落地。

当我们通过行动对所学习的事物建立了初步的全面了解后，再回来进行系统的反思和复盘即可。

第2章

时间管理
活在不焦虑的当下

CHAPTER 2

2.1

秘密：从记录开始

💡 你是否也陷在循环失败里

你一定非常熟悉这个场景：

某个晚上，你看了一个激励你进步的视频，顿时感觉浑身充满了力量，你下定决心好好规划自己的生活，并相信这一次一定能坚持下去！

然后你拿出了一张纸，开始认真罗列第二天的计划：

6:00 起床

6:00—6:30 跑步30分钟

6:30—7:30 读书1小时

7:30—8:00 做早餐+吃早餐

……

20:00—22:00 学习2小时

22:30 睡觉

看着满满当当的一页纸，你感到非常满足，把它端正地摆放在桌面上，然后就定好早起的闹钟，洗漱睡觉了。

但到了第二天早上，那张计划表的魔力却消失了，一切仿佛又被打回了原形。

6:00 闹铃准时响了，但你快速地按掉了它。

8:00 你猛然清醒，哎呀，快迟到了，赶快出门。

......

20:00 结束了一天的工作，回到家里，精疲力竭的你扑倒在沙发上，什么也不想做，只想刷刷轻松不费脑的短视频。

1:00 不知不觉到了凌晨一点，你感到颈椎僵硬，眼睛酸涩，头也沉甸甸的，这才放下手机，疲惫地睡去。

更可怕的是，这样的循环，可能每隔几天就会重新上演。屡战屡败让你对自己逐渐失去信心，觉得自己糟糕透了，一点自控力都没有，根本无法做到自律。

回顾整个过程，你是否也会奇怪，为什么自己在做计划的时候动力十足，但到了执行的时候却像变了一个人呢？

其实，在我刚开始尝试时间管理时，也有很长一段时间陷在"计划—失败—计划—失败"的死循环里，对自己无比失望。后来我发现，要想打破这个无止境的循环，必须先走出做时间管理时常见的三大误区。

💡 误区一：时间管理就是管理时间

做时间管理，常见的第一个误区是，认为"时间管理"顾名思义，就是管理好时间。

但我们认真思考一下，时间真的能被管理吗？我们从出生开始，就坐上了时间的列车，一刻不停地奔向死亡的终点站。在这个过程中，没有人能管理时间。唯一能做的事，是管理好自己。

所以时间管理的真正含义是，通过管理自己，更合理地利用时间，完成自己想做的事情。

这也是单纯地列计划效果不佳的原因之一：只是列出来，并不能管理时间，真正要做到，还是要调动和管理自己的行为。

所谓时间管理大师，就是那些通过管理好自己，充分利用时间，在有限的生命中活出精彩人生的人。

时间对每个人都是公平的，利用好自己的时间，就能帮助我们在社会竞争中取得极大的优势。

💡 误区二：时间管理要从做计划开始

为什么看似完美的计划往往行不通？底层原因是惯性的力量牵引着我们。

研究发现，一个人一天当中，只有5%的行为是非惯性的，其他95%的行为都来自惯性。

也就是说，我们看到的高效能人士所谓的自律，只是行为的表象，实际是他们早已经习惯这么做了。他们早起后锻炼就和我们闹钟响了之后还要睡懒觉一样，都是习惯。只是不同的习惯，日积月累会造成不同的结果。

直接从完美计划开始，就意味着我们妄想用一天，就形成别人花了一年，甚至几年的时间养成的习惯。

想清楚了这一点，就不难推导出，如果我们一天当中95%以上的行为都是惯性的，而我们每天24小时已处于用满状态，那改变的路径有且只有一个——逐步优化自己当前阶段的时间分配。

其实，这也是那些长期高效自律的人，真正在使用的办法。

之前网络上有一张"清华学霸作息时间表"，被大家疯狂地传来传去。其创作者马冬晗就读清华期间连续3年绩点班级第一，所有功课中最低分是95分。还拿到了每年全校只有5个名额的"特等奖学金"，被保送硕博连读。

马冬晗的这张表，从周一到周日，从早上6点到晚上1点，写满了密密麻麻的事项。不论是谁，第一眼看过去，都会以为这是一张计划表。

但不久之后，马冬晗出来澄清说："这不是作息时间表！"实际上这是马冬晗的一张日程记录表，一天结束后，她会把所有的事情填到里面去，就像写日记一样。马冬晗自己也强调："如果那是一张计划表，几乎不可能有人完成。"

这个方法叫作时间统计法，最早可以追溯到《奇特的一生》的主人公柳比歇夫，他是苏联著名的昆虫学家、哲学家、数学家，也是一位通过时间管理取得惊人成就的高效能人士。

他一生做了哪些事呢？他撰写了70多部专著、12500页论文，自学了3门外语，收集了13000只地蚤标本，其数量是动物研究所的5倍，并留下了大量的通信和回忆录。关键是，柳比歇夫一生都保持着一天睡10小时的习惯，作息规律，身体健康。

我想你看到这里，会忍不住惊讶，这是如何做到的？

其实柳比歇夫用的方法很简单，就是完全依据实际情况，把自己做每件事的时间记录下来，并且不断复盘调整。并且，从26岁开始，他一天也没间断过，整整记录了56年，直到他82岁去世。

对比一下普通人和时间管理高手们的时间管理方法，就可以看出，普通人习惯先计划再执行，但因为缺乏记录和反馈，没做几天就把计划抛诸脑后了。

但高手们会先记录自己真实的时间使用情况，从中找出可以优化的部分，再设定计划并执行。同时，他们还会把自己的执行情况再次记录下来，继续优化、执行，如此反复，逐步提升自己的时间使用效率。

所以，从记录开始，通过记录发现自己时间管理的状况，再逐步优化自己的时间分配,才是进行时间管理的正确方法。

要想更好地理解这一点,可以把人生想象成一条河流。从我们出生的那一刻起,它就开始一刻不停地奔腾。当我们想要改变的时候,没有人能够把长江直接变成黄河。

可行的做法是先知道自己当前在哪里,再沿着自己期望的方向,耐心地修建新的河道。

所以,忘掉那些不靠谱的计划,正确且能长期践行的时间管理,要从记录和复盘开始。

💡 误区三:坚持的事只要中断,就是失败了

现在各种各样的打卡活动非常流行,而众多打卡比较一致的特征就是"一天都不能落""每天都要坚持"。所以在大家眼中,高手就是那些每天都坚持锻炼、坚持读书的人。但有的人经常"三分钟热度"或者"三天打鱼两天晒网",于是认为自己就是一个失败者、一个不自律的人。

但事实真的是这样吗?

抛开滤镜,任何牛人高手也只是一个活生生的人,也会遇到突发紧急的事,也会有身体不舒服的时候。我们不否认,这世界上也许真的有极少数人,能够排除万难做到每天坚持做一件事。但我们更要承认,大部分人其实不具备这样的条件和能力。

当我们因为觉没睡好、孩子生病、家里下水道堵了而感到焦头烂额、十分挫败时,我们确实没有更多精力再去坚持阅读一小时或者跑步五公里。

所以,高手和普通人的生活都会有突发情况,真正的区别在于普通人辛辛苦苦坚持了七天,第八天因为一些事情没能坚持,

就马上产生了极其强烈的愧疚和自责,然后就放弃了。但一个高手遇到这样的问题,会先坦然地面对现实,然后第二天继续行动起来。

身边的人都知道我有阅读的习惯,然而,我并不是每天都"坚持"阅读,而是有的时候一天读完一两本,有时候忙起来一个月也读不完一本书。即使是这样,我也常年保持着每年50~60本的阅读量。如果让我每天必须读一小时的书,那我可能早就放弃了。

从长远来看,断断续续的积累远好于短期冲刺式的坚持。

要想更生动地理解这个概念,我们可以这样想象:行动一次,就会获得一次的成果,这就相当于往家里搬了一块金砖。即使第二天你没做,前一天搬回家的金砖也不会消失。这就象征着我们每一次的努力都不会白费,它们会沉淀下来,成为只属于我们自己的财富。

所以中断了很正常,更重要的是有继续开始的勇气和行动。

明白了这一点,就不要再执拗于连续打卡了,做好时间管理,积累比连续更重要。

💡 破局:2个神奇小工具开启正确的时间管理

绕开这些误区,按照记录—复盘—计划—执行的方式,你就能愉快地开启时间管理之旅了。

这里我们先来讲讲如何用极简的方式做记录和复盘,让你能够轻松启动,持续实践。

(1)记录软件:"块时间"

作为一个忙碌的职场人,我们需要高效的记录工具。我搜寻了市面上的所有软件,最后找到了一款叫作"块时间"的App。

这款软件设计的核心思路，是将每小时划分为两块（或更多）来记录事件，帮助用户快速记录每天的时间分配。图2-1就是它的使用界面。在使用时，我们先在右侧栏当中，列出我们常做的事件分类。然后选中左边的色块，轻轻点一下即可完成记录，平均每天记录耗时约10分钟。

"块时间"App
从30分钟颗粒度开始

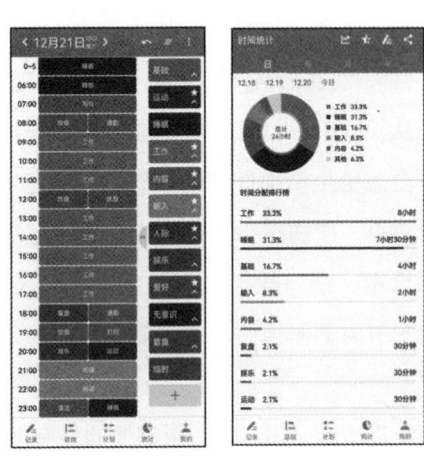

图2-1 "块时间"App的时间记录和时间统计页面

这里要引入一个时间管理中常用的概念：时间颗粒度，指的是一个人管理时间的基本单位。常见的时间度量单位包括年、月、周、日、半天、小时、30分钟、5分钟、1分钟、1秒钟等，这些不同的度量单位就是不同的"时间颗粒度"。

一开始，建议大家选择30分钟的颗粒度，然后逐步过渡到更精确的15分钟颗粒度。

看到这里，你可能疑惑这也太事无巨细了吧！而且如果根本不记得自己这一天干了什么，该怎么办呢？

（2）提醒软件：手机闹钟

那我们就需要搭配第二个工具了，这个工具人人都有，就是手机里的闹钟。

10年前我第一次做时间记录的时候，发现自己总是想不起来记，于是一狠心给自己每半小时就定一个闹钟，强制自己停下来做记录。结果半个月后，我发现我的时间敏感度大大提升了，甚至可以做到在不看表的情况下，精准判断现在是几点，误差不超过15分钟。

如今，在我所带的训练营中，我也常带着大家玩这个游戏。我们会让学员们从起床后开始，每整点定一个闹钟，一直定到晚上睡觉之前。

这听起来真的很疯狂，没错，这个游戏就叫作"疯狂的闹钟"，每小时都提醒自己一次。

在一天的"疯狂的闹钟"体验日后，我们就能知道自己每小时都干了什么，提升我们对时间的敏感度，同时矫正我们对时间流逝的主观感知。

有趣的是，由于每小时都会被"中断"一下，很多同学反映，这个方法对手机上瘾也有奇效，因为行为被外界提醒了，就多了一次重新做选择的机会：我是要继续玩手机，还是要去做手上最重要的工作。

这样通过"块时间"搭配"疯狂的闹钟"，我们就可以轻松地记录自己一天的时间使用情况了。

因为"疯狂的闹钟"会有点儿干扰正常的工作和生活，所以大家只需要在工作日使用一天就好了。"块时间"App建议大家以周为单位，至少记录一周的时间使用情况。

这样一周下来，我们每一件事具体花了多长时间，一些原定的任务到底为什么没完成，浪费的时间都到哪里去了，就一目了然了。

这时我们会发现，一天的时间真的比我们想象的要不经用。但当我们用心去管理和安排的时候，又会远远超出当前的时间使用效率，这就是时间管理的神奇之处。

2.2

时间管理四象限的局限

只要开始记录时间，我们就会对自己的时间安排越来越了解，越来越有自信做好时间管理。

那么，按照记录—复盘—计划—执行的模型，接下来要用什么方法才能更好地规划我们的时间呢？

你是笨笨还是大明？

首先，我们来看一看笨笨和大明的故事。

笨笨和大明是一家公司里同期入职的同事，笨笨单身，大明已婚，有个可爱的3岁女儿。

在公司里，两人的工位紧挨着，工作内容也差不多，但大明用了不到一年的时间就完成了升职加薪。

反观笨笨，每天都在很辛苦地加班，但好像忙忙碌碌没有什么成果。

两个人只隔了半米，每天却好像生活在完全不同的世界里，这是怎么一回事呢？

让我们一起来看看两个人上班的一天是如何度过的。

笨笨的一天是这样的：

我特别忙,天天都加班。

我住的离公司远,光路上就浪费了两三个小时。

平时根本没时间运动和学习。

好不容易到了晚上,感觉终于是自己的时间了,所以经常一刷手机就刷到了两三点。

你看,我根本只有工作没有生活!

总结一句话就是,作为弱小可怜又无助的"社畜",我可真是太惨了!

我们把笨笨一天24小时的分配做成可视化的图片,如图2-2所示,会发现他只睡了5小时,一天三顿饭可能平均只有10分钟。

用在刷手机上的时间却有足足7小时。工作方面,因为白天的8小时很低效,只好再低效加班3小时。

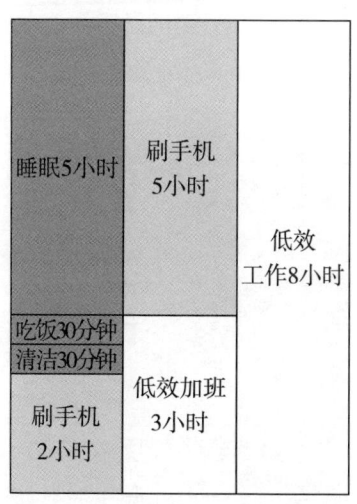

```
睡眠5小时 | 刷手机5小时 | 低效工作8小时
吃饭30分钟
清洁30分钟
刷手机2小时 | 低效加班3小时
```

图2-2 笨笨的24小时时间分配图

同样的24小时,我们来看大明的时间分配。

我每天都会保证7小时的睡眠。

一天8小时的工作,我很难保证从头到尾都全神贯注,但一般只要有60%~70%的时间,也就是5小时左右的专注时间就足够了。

我几乎不加班,业余时间我会用心陪伴家人、学习、运动。

上下班的路上,我会听提前计划好的课程。

我觉得休息和娱乐都很重要,会主动安排。

总的来说:我觉得工作和生活都挺好的,人生嘛,遇到问题很正常,勇敢面对,解决它或者接纳它就好了。

结合图2-3,我们来看看大明一天24小时的分配,睡眠7小时很充足,每顿饭平均20分钟很悠闲,除了清洁外还有1小时休息时间。学习时间跟通勤时间合并为2小时,抽空运动30分钟,陪伴家人3小时,还有1小时的主动娱乐时间。

当然了,能做到这些,更重要的是因为他在8小时内高效工作,没有让工作的时间溢出,占用其他事项的时间。

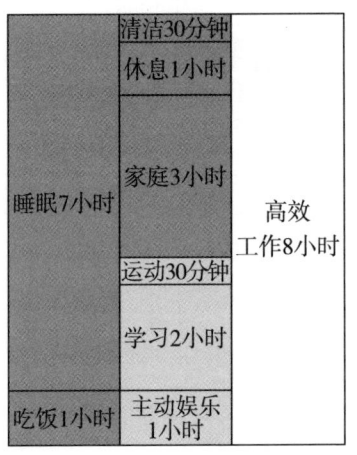

睡眠7小时	清洁30分钟	高效工作8小时
	休息1小时	
	家庭3小时	
	运动30分钟	
	学习2小时	
吃饭1小时	主动娱乐1小时	

图2-3 大明的24小时时间分配图

那么，对照一下，你现在是笨笨还是大明呢？你想成为哪一种人呢？

两幅图对比一下，我们就能很清晰地看出，笨笨跟大明拥有的时间是相同的，都是24小时，但两人分配方式的不同，最终导致了结果的不同。

可见，高效能人士跟普通人唯一的区别就在于，他们知道如何更好地规划和利用自己的时间——既能取得工作成果，又能享受生活。

既然如此，我们就要解决一个核心问题：如何分配我们一天的24小时。

时间管理四象限的三大局限

说到这里，也许你的脑海中已经浮现出了一个非常经典的工具：时间管理四象限。这个工具有多普及呢？大多数职场人的时间管理启蒙都是从它开始的。时间管理四象限按照重要和紧急两个维度，把我们常做的事情放到了四个象限中，并且给出了具体的建议，见图2-4。

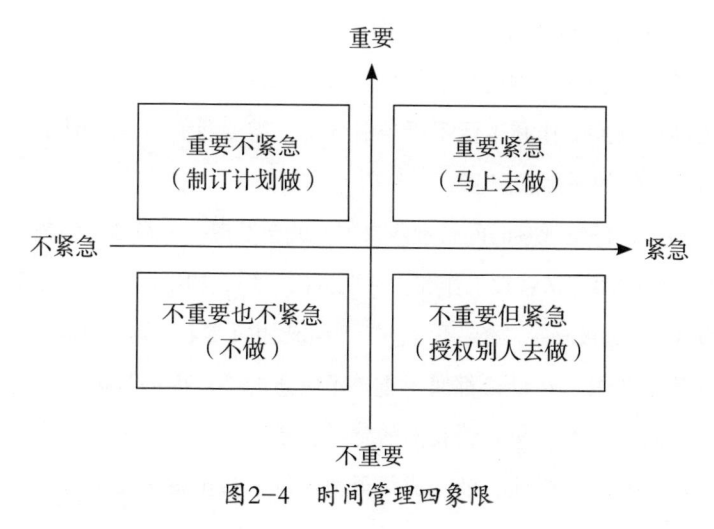

图2-4　时间管理四象限

这个风靡全世界的经典方法看起来清晰简洁，人人都可以用。

但真的是这样吗？

仔细回想一下，你可能已经知道这个方法很久了，但现实生活中，你真的会按照这个分类来规划自己的时间吗？

作为一个十多年的时间管理践行者，我也是在多年的实践和反思中，才发现时间管理四象限有以下三个局限。

局限一：不是以时间为标准，而是以事件为标准。

这个工具虽然叫"时间管理四象限"，但仔细观察就会发现，它实际上是以事件为标准的。

在由"重要"和"紧急"两个关键词划分的四个象限里，并没有一个关于"时间有限"或者"一天只有24小时"的提示，导致我们很容易一股脑儿往里面填入无穷无尽的事。

然而，事件无限，时间却是有限的，每个人每天就只有24小时。如果在罗列事项的时候，没有考虑到这一点，就容易列入很多根本没时间去做的事。

局限二：不适合管理生活时间。

随着移动互联网的普及，现代人"上班"和"下班"的界限已经逐渐模糊。工作和生活不再泾渭分明，需要我们在24小时里面找到自己心仪的平衡状态。

但是，仔细观察时间管理四象限，就会发现一个隐藏的问题：如果我们同时用它来管理工作和生活两方面，那么和生活相关的几乎所有事件，都会被放入"重要不紧急""不重要也不紧急"两个象限。

比如读书、运动，都属于重要不紧急的事。而一旦被划分进了这个象限，"不紧急"给我们的感觉就是：今天不做没关系，拖一拖也没关系。慢慢地，就变成每天都不做，甚至就再没做过了。相信每个人都有过这样的经历，制订好的读书计划、运动计划，不知不觉就被束之高阁。

再比如娱乐相关的事，诸如看剧、打游戏，肯定会被划分到"不重要也不紧急"中，然后大家会要求自己尽量不要去碰。但是，观察一下现实世界，几乎每个人都可以一天不读书，可绝对不可能一天不玩手机。认为娱乐"不重要也不紧急"，就犯了一个蔑视人类天性的错误。所谓天性，就是不用计划，大家也一定每天都会去做的事，比如吃饭、睡觉，娱乐也一定包括在内，只是不同的人有不同的娱乐方式罢了。

还有类似刷牙、吃饭、倒垃圾这些穿插在每日生活中的事项，在时间管理四象限里也找不到自己的位置，但做这些事也都是需要时间的。

所以，时间管理四象限，只能帮我们管理工作上的事项，当我们想要管理自己的24小时时，这个工具就无法满足快乐生活的需求了。

局限三：过度凸显工作的重要性。

时间管理四象限不但不能用来管理生活时间，甚至还可能让工作无止境地吞噬我们的生活。

下方我列出了一个典型职场人的一天，不难发现，按照时间管理四象限的标准，其中真正称得上"重要紧急"的事情，几乎都发生在上班的场景里。

7:00—8:00 吃饭+洗漱

8:00—9:00 上班路上

9:00—12:00 上班——重要紧急

12:00—13:00 午休

13:00—18:00 上班——重要紧急

18:00—19:00 下班路上

19:00—20:00 晚餐+休息
20:00—23:00 自由时间
23:00—7:00 睡觉

"重要紧急"就像一把悬在我们头顶的达摩克利斯之剑，让我们在追求事业成功的路上一路狂奔。吃饭为工作让路，娱乐为工作让路，睡觉为工作让路，休息为工作让路。工作不断占领越来越多的时间，我们则在不知不觉中变得更加焦虑和疲惫。

即便一些工作事项被划分在了"不重要不紧急"中，时间管理四象限建议我们可以授权他人去做，但并不是每个人都有这个条件，而且很多事情，别人也真的无法代劳。

所以，只要使用时间管理四象限，就无法忽视工作事项在其中的绝对优势，这对于我们找到适合自己的工作和生活节奏，是没有任何帮助的。

归根结底，时间管理四象限落地的问题，是只能管理工作时的8小时。而工作外的8小时究竟该怎么办，这个工具没有给我们清晰的指引。

2.3

时间管理三分法

💡 从时间出发的时间管理三分法

当我在落地过程中，发现时间管理四象限的局限性后，我就换了一个思路。与其去纠结永远做不完的事情，以及工作和生活的不平衡，不如从有限的时间出发，认真盘点一下，自己一天的24小时到底都用来做了什么。

不列不知道，一列吓一跳。原来除了工作之外，我们一天当中还要刷牙、洗脸、吃饭、通勤、午休、刷手机，也许还要运动、看书、见朋友、和家人聊天，以及做自己感兴趣的事。

也就是说，在时间管理四象限能够列出来的事项之外，还有许许多多每天不得不做和自己非常想做的事。

于是，我按照这个思路，从有限的时间出发，把一天24小时按用途归纳成了三类。

第一类包括睡觉、饮食、清洁、休息，这些是我们生存的基础，叫作基础时间。

第二类包括学习、运动、娱乐、爱好，这些是让我们身体和精神得以充电的时间，叫作蓄能时间。

第三类则包括我们的主要工作、副业，以及写作、录视频等创作，还有做公益，这些事项本质上都是在创造价值，所以叫作创造时间。

这些事项都是从个人出发的，但人类是社会性动物，我们的工作和生活中必然还有一些需要与他人合作的事情。在基础部分是关爱家庭，在蓄能部分是建立人际关系，在创造部分是与人合作。

如此一来，我们就可以得到一张这样的分类表，如表2-1所示。

我将这种时间分类的方法，命名为时间管理三分法。三项基于时间的分类中，基础时间是一个人正常生活的基石，蓄能时间是为身体和精神充电，创造时间是创造价值与社会交换。

表2-1 时间管理三分法

	基础	蓄能	创造
自己	睡觉	学习	工作
	饮食	运动	副业
	清洁	娱乐	创作
	休息	体验	公益
与他人	家庭	人际	合作

时间管理三分法还能帮助我们更清楚地认知每件事情的价值，避免无意义的精神内耗。

比如这张表格中的休息，归属于基础时间，因为它是人的基本需要。明白了这一点，就不会再因为自己累了想休息，而感到羞耻或者焦虑；也不会再为了其他事项，拼命压榨自己的休息时间。

家庭时间同样归属于基础时间，因为亲情是人类的情感根基，每个人都渴望拥有一个温暖的家庭，这是人的底层精神需求，也是个人幸福的根源。所以无论工作有多忙，都应安排家庭时间。

娱乐时间很容易被误解，很多人会因为刷手机而自责不已，认为这是严重缺乏自制力的表现。但实际上，主动娱乐是健康正向的，也是人类的基本需求之一。在智能手机出现之前，人们也有各种各样的娱乐方式。问题不在于娱乐本身，而在于用于娱乐的时间是否过长，而影响了其他事项的进展，甚至是影响健康。所以，我们完全不必因为刷短视频而感到愧疚。更健康的方式是主动给自己安排每日刷短视频的时间，然后充分投入地享受这个过程。

从这张表当中，我们还可以清晰地观察到，工作只是人生的一部分，不能也不应该肆意侵占其他事项的时间。

💡 基础、蓄能、创造的重要性排序

在区分了一天24小时的三大类用途后，还有一个我们必须弄清楚的问题：基础时间、蓄能时间和创造时间，三者的重要性该如何排序呢？

重要性意味着要优先考虑，尤其当现实生活中，两件事发生冲突的时候，我们该如何选择。比如早上的时间，是早起阅读还是睡个懒觉？工作做不完的时候，是先睡觉早上起来再做，还是熬夜做完再睡？

这个问题，我问时间管理营的同学，大家普遍的第一反应是创造是最重要的，然而事实真的如此吗？

其实真相往往是反直觉的，基础、蓄能、创造三类时间，最重要的其实是基础时间，然后是蓄能时间，最后才是创造时间。

首先，基础时间做的事，睡觉、饮食、清洁、休息和家庭，才是我们最基本的生存需要。常见的误区，就是在觉没有睡饱的情况下，强撑着自己去学习、运动、工作，轻一点的免疫力下降，身体很久都缓不过来，严重的可能有猝死风险。还有很多年轻人仗着自己身体好，三餐饮食不规律，或者动不动就胡吃海喝，早早就得了胃病。身体是革命的本钱，这句话很多人已经听腻了，但真到病来如山倒的时候，就会意识到基础时间做的这些事，才是真正重要的。失去了健康的身体，获得再多的成果、荣誉、胜利和金钱都无法弥补。

第二重要的就是蓄能，因为到了创造阶段，我们就必须直接开干，拿出成果了。没有一个老板招人是为了让你在他那里学习，而是希望你能够直接给他创造价值。然而，如果没有时间学习，我们又如何随着工作年限的增加，持续在工作中创造更多价值呢？

此外，蓄能中的运动也是保持精力必须做的事。刚毕业的时候大家都很年轻，通宵熬夜第二天还能精神抖擞地去上班。但随着工龄增长，工作越来越忙，面对的挑战也逐渐增多。尤其是工作坐办公室、出门开车的朋友，一天坐在椅子上的时间可能多达10小时。如果不专门安排运动时间，长此以往，身体过度透支，精力会严重下降。

蓄能部分的人际关系，也是容易被忽略的板块之一。从小到大的学校教育，都讲究以成绩为标准的单打独斗，但进入社会之后，能否快速领悟领导的指示，和同事、合作伙伴高效协作，以及赢得客户的信任，都会影响我们最终工作成果的好坏。

所以现实当中，我们常常会看到一个人在工作5年之后，身体开始出现颈椎病、胃病、干眼症等各种毛病；由于忽视了学习，知识储量接近枯竭；也没有拓展和维护人际关系的意识，对于自己手头工作之外的世界一无所知。无论是身体、能力还是人脉，都无法支撑其在职场中的进一步发展，只好止步于基层。

造成这样的结果，就是因为弄错了基础时间、蓄能时间和创造时间三者的重要性排序。

从基础到蓄能再到创造，是一个赋能的过程，反过来则是一个反馈的过程，如图2-5所示。

一个高效能人士的一天必然符合这样的安排，先吃好睡好，保持好的精力，不断学习拓宽自己的能力边界，最后才能呈现出高水平的工作成果。然而，我们往往只能看到外在的部分，就误以为高效能人士所有的精力都用来工作了。

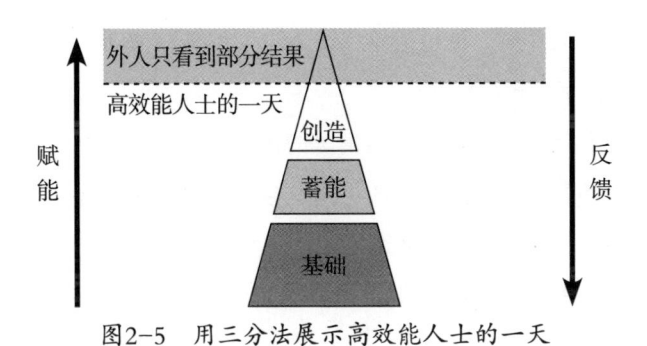

图2-5 用三分法展示高效能人士的一天

💡 人生不同阶段的时间分配差别

了解了时间管理三分法，我们再来看看笨笨和大明，在同一家公司工作的两个人，为什么会有如此不同的状态，答案就显而易见了。

笨笨的基础时间中，睡眠只有5小时，三餐一共只用了30分钟，肯定是狼吞虎咽吃完的。这样的睡眠和饮食，无法帮助他维持好的精力和体力。蓄能时间足足有7小时，但都是单一的刷手机娱乐时间。创造时间中低效工作更是占据了他太多的时间，不得不在8小时之外，继续加班3小时。这样的时间分配，真的毫无幸福感可言，难怪他会抱怨自己真是太难了。

但大明的24小时分配就完全不同了，7小时的充足睡眠、平均20分钟的用餐时间、1小时的休息，以及3小时与家人共度的时间，合理的基础时间分配，让他精力充沛，心情愉悦。

蓄能时间部分，有30分钟的运动、2小时的学习，以及1小时的主动娱乐。娱乐时间以及部分学习时间，通常是在通勤途中完成。

创造时间的部分，工作被牢牢地控制在8小时之内。即便偶尔因为公司安排而加班，他也能够很快地自我调整，回到一个自己满意的工作和生活平衡的状态。

大明和笨笨只是两类典型情况的代表，现实生活中，处在人生不同阶段的朋友，时间分配的情况也会有很大差异。这里我给大家准备了一些不同情况下时间分配的参考。

（1）单身职场人士VS已婚职场人士

从图2-6中可以看出，同为高效的职场人士，单身人士和已婚人士在基础时间以及创造时间方面没有太大的差别。关键在于蓄能时间的安排，单身人士会用更多时间来发展自己的社交、爱好，已婚人士的蓄能时间更多给了家庭。

高效职场单身人士　　　　　高效职场已婚人士

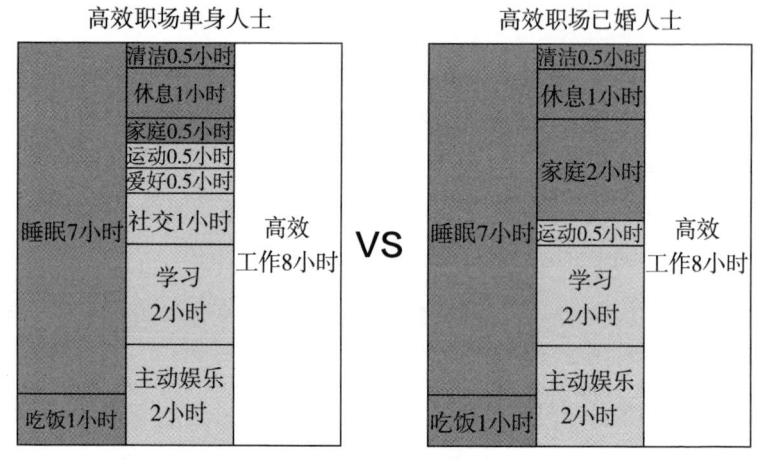

睡眠7小时	清洁0.5小时		VS	睡眠7小时	清洁0.5小时	
	休息1小时				休息1小时	
	家庭0.5小时				家庭2小时	
	运动0.5小时	高效工作8小时			运动0.5小时	高效工作8小时
	爱好0.5小时					
	社交1小时					
	学习2小时				学习2小时	
	主动娱乐2小时				主动娱乐2小时	
吃饭1小时				吃饭1小时		

图2-6　高效职场单身人士与高效职场已婚人士
24小时时间使用对比

（2）创业者VS学生

作为创业者，创造时间比8小时再多出3小时也是非常正常的。但不管创业多忙，都一定要留时间陪伴家人，缺失了亲密关系的人生，赚再多钱都难以获得真正的幸福。

从图2-7中可以看出，高效的学生通常要比别人花更多的时间学习，此外还会安排同学社交以及娱乐等。

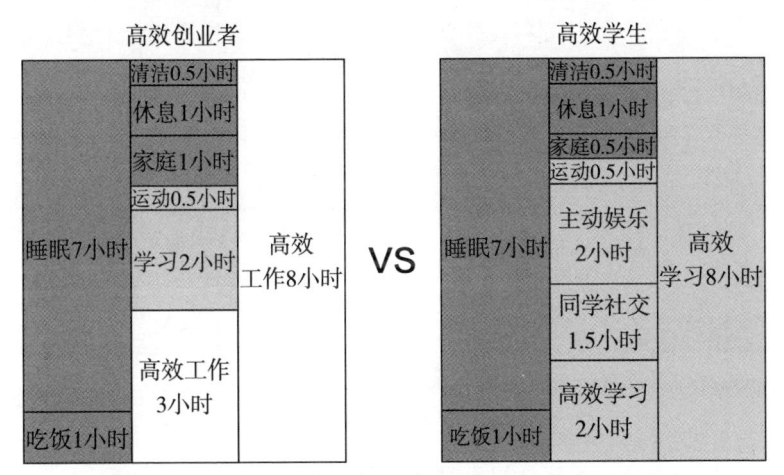

```
高效创业者                    高效学生

清洁0.5小时                   清洁0.5小时
休息1小时                      休息1小时
家庭1小时                      家庭0.5小时
运动0.5小时                    运动0.5小时
                              主动娱乐
睡眠7小时   学习2小时   高效    睡眠7小时   2小时      高效
                     工作8小时            同学社交   学习8小时
           高效工作                       1.5小时
           3小时                          高效学习
                                          2小时
吃饭1小时                     吃饭1小时
```

图2-7　高效创业者与高效学生24小时时间使用对比

（3）全职宝妈/宝爸VS兼职宝妈/宝爸

再来看看全职父母这个群体，他们大部分的时间花在经营家庭上了。我特别列出了基础部分的购物时间，这也属于全职父母在家非常重要的一项工作。

从图2-8中可以看出，在做兼职的宝爸宝妈，为了能有足够的工作时间和学习时间，也许会和家人协调，将家务时间缩短，也会主动减少自己的娱乐时间。

这里的每一张高效时间表的背后，都是一个努力用心经营着工作和生活的人。

极简自律：如何活出想要的人生

高效全职宝爸/宝妈

睡眠7小时	清洁0.5小时 休息1小时	家务1.5小时
	育儿5小时	购物1小时
		运动0.5小时
		主动娱乐2小时
		学习3小时
吃饭1小时	家务1.5小时	

VS

高效兼职宝爸/宝妈

睡眠7小时	清洁0.5小时 休息1小时	娱乐0.5小时 运动0.5小时
	育儿5小时	学习2小时
		工作5小时
吃饭1小时	家务1.5小时	

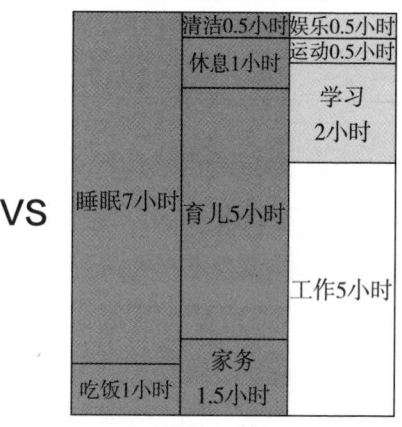

图2-8　高效全职宝爸/宝妈与高效兼职宝爸/宝妈24小时时间使用对比

每个人的一天都是24小时，当我们处在人生的不同阶段时，我们的分配比例会有所不同，这都是很正常的。

关键在于有意识地主动安排和协调，通过基础时间保障自己的精力和与家人相处的时间，通过蓄能时间不断提升自己、拓展人际交往圈，最后通过创造时间，取得杰出的工作成果，得到物质和精神的双重回报。

了解了时间管理三分法这种从时间出发的时间管理模型之后，我们可以把自己日常做的所有事都罗列出来，按照基础、蓄能、创造进行分类，并结合前面提到的"块时间"App的记录，来看看自己当前的时间安排，与自己理想的时间分配之间有哪些出入，列出可以优化的方向，并逐步改进。

2.4

神奇的3分钟日复盘

到目前为止，我们已经通过记录知道了自己当前的时间使用情况，也结合时间管理三分法，找到了时间分配的优化方向。

接下来如何确保新计划落地，以及实实在在地看到优化时间分配后的结果呢？这里，我们就要引入一个新的小工具了，它的名字叫"3分钟日复盘"。

复盘原本是一个围棋术语，现泛指通过回顾过往、总结经验，来指导自己接下来的计划和行动。常见的复盘形式有九宫格日记、晨间日记和手账本等，但这些工具的统一特点是较为复杂，填完一份需要小半个小时，对于刚刚开始接触时间管理的朋友来说，比较难坚持。

如何在简化复盘模式的同时还能保证复盘效果呢？我们可以从"复盘到底盘什么"这个问题来思考。

首先，复盘一定要盘一下今天的成果；其次，明天的计划也需要提前安排；最后，可以从收获、待提升、自我鼓励、感恩他人四个方面，快速清晰地对自己的一天进行全面审视。

如此一来，我们就可以得到这样一个极简的3分钟复盘模板：

今日是（X）月（X）日，星期（X）

今日成果（前三个为昨日计划）：

1.

2.

3.

> 明天计划完成的三件事：
>
> 1.
>
> 2.
>
> 3.
>
> 【今日收获】
>
> 【可以提升】
>
> 【自我加持】
>
> 【一句话感恩】

虽然叫作"3分钟日复盘"，但我们第一次上手的时候，由于不熟悉，可能需要7~10分钟才能完成。但后续用熟练了，一般3~5分钟，就足以完成一份全面、详细、有反思、有指导规划的日复盘了。

复盘一天可能没什么大不了的，但如果坚持一周，我们就会对这周做了哪些事、获得了哪些成果了如指掌，再也不会觉得时间都荒废了。

如果坚持一个月，我们就能得到一份详尽的月复盘表，一个月的收获尽在眼底。

如果坚持10年，就能很清晰地知道自己每一年都做了哪些事情，有哪些进步和需要提升的地方，并且对于新的一年有清晰的目标和落地规划。这样的生活有计划、有成果、有期待，感觉真的好极了。

在我持续做了几年"3分钟日复盘"后，我读到了《高绩效教练》这本书，这本教练领域的经典著作提出，教练的本质是提升客户的觉察力、责任感和自信心。觉察力是对自己现状的及时认知，责任感是个人选择及承诺采取行动的自主性，自信心是相信自己并能进行自我激励。不断提升这三者，能够持续激发自己的潜力。

而如图2-9所示，在3分钟复盘中，"今日成果"板块对应着对自己今日行为的觉察；"明天计划完成的三件事"是主动承诺第二天的行动，体现了对自己工作和生活负责的责任感；最后的综合复盘反思模块中，"今日收获"代表着对今日成果的记录和肯定，"自我加持"就是主动正向认可和激励自己，"一句话感恩"则让我们意识到这世界有很多人、事、物都在给我们提供帮助和爱。唯一一个反馈不足的"可以提升"，也使用了正向的语言描述。

我这才恍然大悟，我从"3分钟日复盘"中汲取的力量，原来是来自觉察力、责任感和自信心的不断加强。在这个过程中，我成为自己的教练，通过日复一日地复盘，持续挖掘自身潜力。而这些潜力还会进一步演化为能力，让我的生活拥有更多的选择，人生拥有更多的可能。

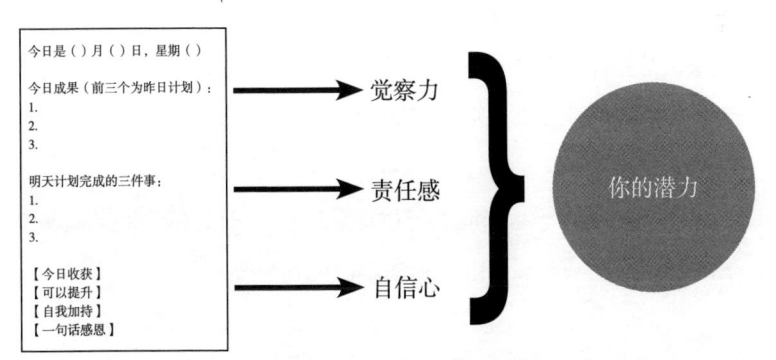

图2-9　"3分钟日复盘"与自我教练的关系

我深深地感受到，持续的自我觉察和自我教练，能够有效地帮助个人加速成长。

每个人的人生都有自己独特的方向，希望"3分钟日复盘"也能帮助你成为自己的教练，让你获得成长的及时反馈，帮助你活出自己想要的人生。

本章小结：用时间三分法进行 24 小时时间管理

时间管理的真正含义，是通过管理自己更合理地利用时间，完成自己想做的事情。从计划开始的时间管理之所以会失败，是因为我们一天当中95%的行为都来自惯性。正确的时间管理方式，是使用"块时间"App、"疯狂的闹钟"和"3分钟日复盘"，从记录和复盘当前的时间使用情况开始，逐步优化到理想的时间分配状态。

经典的时间管理四象限法，是基于事情而不是时间的管理方法，且仅适合工作事项的划分和安排。从时间出发的时间管理三分法，把我们一天要做事项所花费的时间，划分为了基础时间、蓄能时间和创造时间。重要性排序是基础时间优先，其次是蓄能时间，最后才是创造时间。从基础到蓄能再到创造，是一个赋能的过程，反过来则是一个反馈的过程。

不同人生阶段，时间的分配比例不同，关键在于有觉知地主动安排和协调，逐步过渡到适合自己的时间分配方式。

同时，我们还可以用3分钟极简日复盘，做自己的教练，通过提升觉察力、责任感和自信心，不断挖掘潜力、拓展能力，赢得人生的更多可能。

第 2 章 时间管理 活在不焦虑的当下

落地作业 记录你一天的时间使用情况并复盘

请下载"块时间"App，并匹配"疯狂的闹钟"，记录自己一天的时间使用情况，大约累计需要10分钟。在一天结束时，请你结合基础、蓄能、创造的时间管理三分法分类模型，复盘一下自己的时间使用情况，并给自己写出三条优化建议。

加餐小锦囊 有关时间记录常见的 4 个问题

Q1：记录时间感觉还是有点麻烦，要一直记录吗？

不需要，记录时间的目的是找到自己当前时间使用的规律，也就是发现95%的惯性在哪里，是怎样影响自己的工作和生活的。然后对其中不满意的地方进行调整。一般建议以周为单位，一周的时间记录已经能很充分地反馈我们当前的时间使用规律了。在逐步过渡到新的时间分配方式后，就不用持续记录了。

但有一种情况是工作或生活发生了比较大的变动，打破了原有的规律，比如换了新工作、新住址，谈了恋爱，结婚生子，升职成为管理者，等等。这些较大的变动，会让我们的时间分配产生变化，而且变动刚开始的时候，由于打破了惯性，我们也会感觉不适应，经常手忙脚乱地应对新情况。

这个时候，就很适合再重启时间记录这个动作，通过一周的时间，快速找到新的工作和生活状态的规律，帮助自己逐步找到和适应新的节奏。

Q2：总是想不起来记录怎么办？

可以搭配"疯狂的闹钟"，在闹铃响之后，及时地记录当前时间段正在做的事情。如果觉得过于频繁，也可以自己设定一天当中的关键节点，定闹钟来辅助自己记录。比如上午工作结束前，下午工作结束前，晚上睡觉前等。

但要注意的是，因为记住做了什么事，属于短时记忆，不及时记录很容易忘记。而且如果是无意识地刷手机这样的事情，更容易让我们有一种什么都想不起来的感觉。所以在记录期间，不要太依赖自己的记忆，借助闹钟这样的外部提醒工具，是非常必要的。

Q3：时间单位选择15分钟、30分钟还是1小时呢？

块时间的单位越小，我们对于时间的把握就越精准。参考这样的标准，可以根据自己的需要来选择。一般建议新手从30分钟开始，因为15分钟颗粒度比较细，容易想不起来做了什么，压力会有点大。工作内容比较简单，划分清晰的朋友也可以使用1小时为单位的块时间。

如果希望更显著地提升自己的时间使用效率，可以使用15分钟的时间单位，或者先使用30分钟的时间单位，再逐步过渡到15分钟。

Q4：块时间的分类要按照基础、蓄能和创造来分吗？

可以按照基础、蓄能、创造的三大分类来设置一级分类，然后下面再设置二级分类，也可以把一些重要的事项单独拎出来做一级分类。

建议不要一上来就做很详细的分类规划，而是边记录边根据实际需要增加分类。爱运动的朋友，可以在运动标签下面做"有氧""无氧"等细分标签；爱学习的朋友，可以在学习标签下面做"听课""阅读"等细分标签。记录要遵循"为我所用"的原则，尽量简洁、直观，最大程度地减少工作量和由此带来的心理负担。

第3章

效率提升
高效工作快乐生活

CHAPTER 3

3.1 高效工作五步法

💡 从防止工作溢出8小时开始

了解了时间管理三分法,并通过"记录+复盘"的方式梳理了自己当前的"基础、蓄能、创造"三种类型的时间分配后,我们就要开始根据自己的实际情况,有针对性地提升每个板块的时间利用效率了。

虽然我们强调过,按照重要性排序,基础时间是最重要的,蓄能时间其次,最后才是创造时间。但当我们着手提升效率时,最先关注的应该是创造时间,也就是工作时间的效率。

稍加观察便不难发现,我们当前的生活中,花费时间最多的往往不是睡眠,而是工作。越来越多的人工作时间已经溢出了8小时,蔓延到生活的方方面面。

如果不先把扩散的工作时间想办法收敛回去,争取能在8小时甚至更短的时间里完成工作,那就没有精力做工作以外的事,更谈不上管理基础时间和蓄能时间了。

既然提升工作效率这么迫在眉睫,那有没有什么用了马上就能出结果,甚至当天就能提升效率的方法呢?

在学习了相关的内容,尝试过各类方法论后,我发现德国时间管理大师洛塔尔·J. 赛伟特在《把时间花在刀刃上》一书中提到的"阿尔卑斯山时间管理法",很适合用来管理工作时间。

为了便于大家记忆,我们在这里简称这种方法为高效工作五步法，具体如图3-1所示。

看起来非常清爽简单的五个步骤，只要用起来，每一步都能针对性地解决我们工作效率的问题。

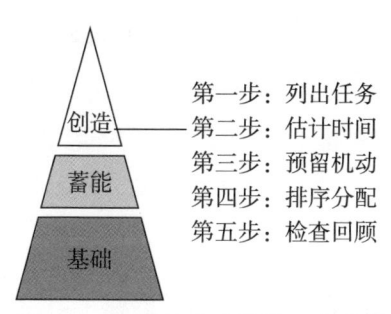

```
创造 ——— 第一步：列出任务
          第二步：估计时间
蓄能      第三步：预留机动
          第四步：排序分配
基础      第五步：检查回顾
```

图3-1　规划创造时间的五个步骤

我们继续代入笨笨和大明的工作场景，一步一步详细展开来看。

笨笨和大明虽然是只隔着一个工位的同事，但工作效率有着天壤之别。笨笨觉得自己工作真的很努力了，但还是经常加班，被领导责备任务没有按时完成。而大明每天都很从容淡定，工作完成得又快又好。笨笨又委屈又焦虑，忍不住向大明请教。

第一步：列出任务

令笨笨感到困扰的第一个问题是："我已经把能想到的任务都列出来了，但一天结束，往往会发现还是漏了几项，不得不赶紧补上，导致我经常加班。"

大明指出了笨笨的误区："你做工作计划时，是不是经常想到什么写什么？这种方法很容易遗漏一些没想到但也存在的工作事项。如果想避免这个问题，应该分类罗列任务。参照分类标准，分门别类地把待办事项罗列进去，就不会担心遗漏了。"

大明为笨笨介绍了自己常用的日常工作分类方式。

第一类：每日常规性的任务。

第二类：今日计划要做的工作。

第三类：会议/活动等需今日完成的日程。

第四类：昨天没有完成推迟到今天的工作。

第五类：今日新增的工作。

笨笨恍然大悟："这个方法好，我今天要做的工作内容一下就清晰了。"

💡 第二步：估计时间

笨笨接着说："但我还有一个问题，列完任务之后，如何判断工作需要的时间呢？有时候发现自己一天只有两个任务，觉得太好了，今天肯定不会加班了，还信心满满地计划提前做一些别的工作任务。但往往到了下班时间，发现一天结束也就只做了这两件事。这到底是怎么一回事呢？"

大明笑了，说："你知道吗？时间管理领域里，有一个著名的帕金森定律，指的是工作会自动膨胀，直到占满你所有的时间。

"这个定律给我们的启发就是，为工作预留的时间越多，我们需要的时间也就越多，所以多预留时间反而会降低我们的工作效率。

"要想跳出这个帕金森定律，我们可以坚持'记录+复盘'自己的时间使用情况，直到可以精准地预估自己独立完成一些重复性工作的时间。比如，我个人每天早上做计划和晚上做复盘的时间，加起来需要10~15分钟。工作时，完成一篇2000字的文章或报告，需要1.5~2小时。

"有了这个预判在前,我们就不会留太多的时间给自己,也就不会在不知不觉中浪费时间了。

"记录使用'块时间'App搭配'疯狂的闹钟'即可,一般一个星期左右,就能厘清各项常规工作所需的时间,给做计划提供有价值的参考。"

笨笨点点头:"我已经记录几天了,但还没有观察过自己做每件事需要花多少时间,一会儿我就去复盘一下。"

第三步:预留机动

笨笨想了想,继续问:"常规工作时间的问题可以这么解决,但咱们的日常工作中,除了可以预估的常规任务,还有新的从来没有做过的任务。这部分让我很头疼,我经常感觉自己已经做了万全的准备,但执行起来,第一步就会遇到各种问题,只能花更多时间来补救,前面设定好的计划和节奏全部被打乱了,我真的很苦恼,这该怎么办呢?"

大明点点头:"你遇到的情况其实非常正常,人们往往会高估自己的能力,而低估事情的难度。

"想要解决这个问题,我们需要了解另一个可以运用在时间管理领域的定律——墨菲定律,它指的是事情如果有变化的可能,那么不管这种可能性有多小,它总会发生。

"这是什么意思呢?就是面对一个新的任务或挑战,无论我们准备得多么周全,也一定会遇到意料不到的情况。所以碰到新的、不熟悉的或者需要新技术的工作时,一定要给自己多留一些时间。

"比如,我自己就会提前预留3~5倍的时间,同时我也不会花太多时间在做初期准备上,因为我对事情的全貌没有把握,得先开始做了才知道,等开始之后再边做边调整。"

笨笨惊讶地说:"3~5倍的时间?居然要预留这么多!"

大明回答道:"当然了,如果能够用1~2倍的时间完成就最好不过了,但为了确保我们能够预判未知的风险,3~5倍的时间是比较合理的。"

笨笨认真地记下来,然后继续问:"我还有一个困惑,有时候我做好了一天的工作计划,也会信心满满地开工。结果刚做完了第一项,就被接二连三的新任务打断了,导致一天结束后,任务清单上一半的计划都没完成,这种情况又该怎么办呢?"

大明说:"遇到这种情况的还真不是你一个人,我以前也是这样的。

"以前,我会制订非常严格的计划,希望只要自己投入,就能全部完成。结果当然是和你一样,发现自己一直在被人或者事打断,根本没办法都做完。所以我想了一个办法,每天先留出40%的时间给意外事件。

"比如,每天的8小时工作,我会给自己留2~3小时的空余,先不着急安排事项。等急事找到我的时候,如果我判断确实是当下或者今天必须完成的事,我就放入我的计划中,把留出的两三个小时用掉。

"如果这一天很幸运地没有遇到突发事件,我就将原本计划第二天再做的事提前,或者用这段时间来学习新知识和新技能,提升自己。

"有了这40%的时间做缓冲,我就既不用担心计划排太满完不成,也不用担心计划排太少浪费时间了。"

"原来还有这种方法，看来并不是计划排得越满越高效啊！"笨笨若有所思地点了点头。

💡 第四步：排序分配

笨笨记好了笔记，继续问大明："刚才你讲了要把所有的任务列出来，但我还有一个问题，就是每天本来就有常规任务，还有许多新增任务，这些全部放在一起，我经常不知道该先做哪件事，这要怎么办呢？"

大明笑着说："这个好办，我教你一招，非常简单，先排时间，再排重要程度，然后根据预估的时间安排进日程中。

"我给你举个例子你就明白了，比如说我今天的工作一共列出了5项，分别是：

早上7点发营销日历；

制作给客户A的业务提案；

撰写一篇业务分享稿；

制作新项目X的营销方案；

13点和客户B通电话。

因为时间是硬性条件，所以我会把固定时间的事情先挑出来，分别是7点发营销日历和13点与客户B通电话。

剩下的三件事，我按照重要程度排序为A1、A2和A3。

A1：制作给客户A的业务提案（预计需要3小时）。

A2：制作新项目X的营销方案（预计需要1.5小时）。

A3：撰写一篇业务分享稿（预计需要1小时）。

A1是最重要的，所以我把它安排在上午9点到12点完成，接下来13点半到15点的时间完成A2，15点到16点的时间完成A3。

"这样我们就得到了一份既能显示事件优先级，又有清晰的时间线的日事项清单：

7:00 发营销日历

9:00—12:00 A1制作给客户A的提案

13:00—13:30 和客户B通电话

13:30—15:00 A2新项目X的营销方案

15:00—16:00 A3撰写一篇业务分享稿

"排好了这些已知的工作任务之后，还要应对一些新增事项。

"对于新增事项，我们还需要注意辨别，这些事情是不是必须得自己做。如果判断不是自己的事情，可以果断拒绝。如果判断可以授权给别人去做，那就联系对方，将任务分出去，不要额外占用自己的时间。

"对于需要自己做的，如果两分钟内能完成，那就立即把它做了，这样可以减轻任务清单的压力。如果两分钟内完不成，就把它放入事项清单和其他事项一起比较，看看是需要立即做，还是安排其他时间做。"

笨笨点点头："这样好像是很清楚了，但有没有一种可能，就是两个任务我分辨不出来它们的优先级呢？"

大明回答说："不会的，从来都没有两个任务会有相同的优先级，因为我们很清楚同一段时间只能选择做一件事。两项事务只要放在一起比较，我们就能发现总有一个更重要。

"比如'整理网盘资料'和'制作明天上台演示用的PPT'，这两件事哪件事更重要呢？"

笨笨不假思索地说："当然是做PPT更重要，毕竟明天就要用了，网盘资料可以不忙的时候，听着音乐悠闲地慢慢整理。"

大明说:"是的,所以分辨事项优先级的关键,是将事项全部列出来,放在一起进行对比。只要我们把当天要做的事情都列出来,应该先做什么后做什么,就一目了然了。"

💡 第五步:检查回顾

笨笨看了看笔记:"列出任务,估计时间,预留机动,排序分配,这些步骤都很清楚了。但我还有一个问题,有时候我的计划做得还不错,而且一天下来自己也挺忙碌的,但快到下班时间了,我才发现列表上还是有事漏掉了没有做,这是为什么呢?"

大明没有直接回答,而是问:"你在一天的工作过程当中,有去回看你的日工作计划吗?"

笨笨想了想:"好像没有看过,我都是列好了之后就直接开始工作了,一直到下班时间。"

大明说:"问题就出在这里,我们的大脑是很难同时记住很多事情的,列出来就是为了解放大脑。但同时我们也会忘记还有这项任务,所以列完清单之后,正确的使用方式,是要在一天内多次回顾。

"我一般会在前一天晚上,在3分钟日复盘时列出明日计划。每天早上到办公室后的第一件事,也是检查当日待办清单,确认下已经列好的任务,再把新增的任务放进去。

"上午的工作结束,午休之前,我会再检查一下上午的工作有没有按时完成,根据进度判断是否需要调整下午的计划。而下午一般还会有新的任务进来,这时我会再去回顾我的任务清单。

"所以,前一天晚上、早上上班前、中午休息前、下午工作时,多次查看事项清单,这样到了下班之前,我就已经至少做了4次今日事项的检查了，这能保证我聚焦完成清单上的事项，基本不会发生遗漏或者耽误的情况。"

认真记完笔记的笨笨对大明说："太好了，你讲解得非常清楚，我理解了，你看，做一份高效工作计划的流程是这样的吗？

"首先列出当日的全部任务，其次预估每件事需要的时间，然后预留出机动时间，接下来对刚才的任务进行排序分配，先排固定时间的，再按照优先级排剩下的工作，最后每天至少要有三次的检查回顾，确保任务完成。"

大明高兴地点点头："没错，你已经掌握了做高效工作计划的方法了，接下来就在实践中练习掌握吧！"

善用工具辅助计划落地

在这个故事中，笨笨和大明，这两个人物形象并不是绝对的。我自己在日常工作中，也会时而笨笨，时而大明。所以高效工作五步法，一定要经常在实践中练习感悟，才能一步步真正完全掌握。

为便于实操，我们可以借助外部工具。比如我们熟悉的Excel表格或者可以在线编辑的电子工具表，方便自己设计各个板块的功能，且容易保存。但由于需要电脑编辑，更适合大多数时间在室内办公的人。

工作时间很灵活，经常在外出差或拜访客户的朋友，可以使用一个叫作"日事清"的软件。除了计划型软件通用的功能外，它还有一个很棒的功能，就是可以直观地展示一整周的工作计划，什么时间需要做什么事，一目了然。手机、电脑等多个平台都可以通用。

如果你已经有运用得非常熟练的工具或软件，也不必更换，因为不同工具本身其实差别并不大，关键在于如何使用。选择一个你喜欢的工具，立即把高效工作五步法应用起来吧。

3.2

生活工作巧平衡

💡 基础时间：越规律越高效

通过高效工作五步法，提高了工作效率，实现8小时内完成工作任务后，接下来就要思考如何规划基础时间和蓄能时间，这样能让我们每天精力充沛，还有时间用来学习、运动和娱乐。

基础时间部分，通常包括睡觉、饮食、清洁、休息和家庭。对基础时间进行规划，一共有四个步骤：记录、调整、固定和优化，如图3-2所示。

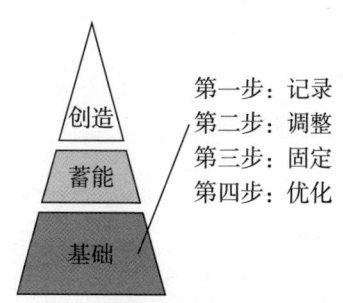

图3-2　规划基础时间的四个步骤

我们在规划的时候，只需要遵循一个原则：基于当前的生活节奏，越规律越好。因为基础时间部分是每天都要做的事，规律一方面有利于健康，另一方面能培养好习惯从而节约意志力，让我们无须强迫自己，也能睡眠充足、饮食健康。

第一步是记录，能帮助我们先了解当前的生活状态，找到其中的潜在规律。比如有人习惯早睡早起，有人习惯晚睡晚起，有的人一日三餐很规律，有的人经常忘记吃早饭或者晚饭。

记录可以按照睡觉、饮食、清洁、休息和家庭这几个板块来分类，以我为例：

睡眠：

入睡，23:30—00:00，最晚不超过00:30。

起床，7:00—7:30，最晚不超过7:30。

饮食：

早餐，8:15—8:30，15分钟。

午餐，12:00—12:20，20分钟。

晚餐，18:20—18:40，20分钟。

清洁：

洗漱：早30分钟，晚15分钟。

打扫：每天10分钟，每周末3小时大扫除。

休息：

每工作50分钟，休息10分钟。

家庭：

每天和家人通话30分钟。

第二步是调整，看看当前的基础时间分配中，有哪些部分是自己觉得不健康或者不合理的，尝试进行调整。比如睡眠时间从凌晨1点，先调整到24点，再逐步调整到23点前能入睡，这个过程大约需要一周的时间。

第三步是固定，适应了新的基础时间分配方式后，我们还需要践行大约3~4周，来巩固这套流程。这个过程中，如果能在一周七天里完成规划4~5次，我们就能判断自己已经基本适应了新的生活节奏。

第四步是优化，有了对基础时间的基本把握后，我们就可以根据外部环境的变化，及时地调整优化，增强我们基础时间的弹性。比如你知道自己日常至少需要6.5~7小时的睡眠，但有时候不可避免地会加班、熬夜，那就在第二天或者周末，及时地把睡眠补充回来。或者缩短午餐时间，用这个时间来补觉。

结合以上四个步骤，我按照时间顺序，梳理出了适合当前自己生活节奏的基础时间分配方法。

早上：

8:00—8:20，洗漱+15分钟拉伸。

8:20—8:30，吃早饭。

8:30—8:45，化妆+换衣服出门。

8:45—9:00，路上。

中午：

12:00—13:00，吃饭+散步+休息。

晚上：

18:15—19:00，吃饭+回家+随手打扫（同步和家人通话）。

23:00—7:00，睡觉。

每周：

周五晚大扫除。

通过一段时间的记录、梳理、固定和优化之后，你也会对自己的基础时间做到这样心中有数。特别要注意的是，基础时间是我们生存的硬开支，千万不要觉得睡觉、吃饭耽误时间，或者因为不得不花时间来打扫房间而感到焦虑。

另外，在遇到一些人生中的重大变化时，比如换工作、搬家、谈恋爱、结婚、生子等，我们的生活节奏也会突然发生改变。大多数人，尤其是习惯了原先规律的人，都会觉得很不适应。

这个时候，不要急着去恢复自己之前的生活节奏，先全身心投入当下的生活中。只记录、不改变，一周左右，就能找到新的基础时间的规律，再按照记录、梳理、固定、优化的方式找到新的生活节奏即可。

蓄能时间：以周为单位轻松安排

找到了基础时间的规律，我们就可以着手规划蓄能时间了。

蓄能时间的规划方法主要有三步：制订计划、估算时间、以周为单位提前安排，如图3-3所示。

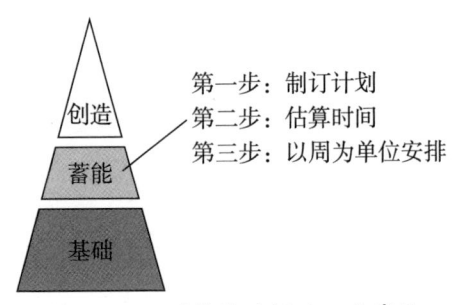

图3-3 规划蓄能时间的三个步骤

第一步，制订计划。无论是学习还是娱乐，有趣的东西都很多，但我们的时间是有限的。所以安排蓄能时间时，需要先从各种选择中，挑选自己最想做的事。

第二步，估算时间。同一个人做不同的事需要花费的时间差别很大，不同的人做同一件事需要花费的时间差别也很大。比如一个善于阅读的人，看书速度可能是另外一个人的两倍，一个善于声乐的人，学习一首新歌的速度也会是别人的好几倍。我们一直强调的时间记录，也是为了清晰自己做每件事大概需要花费的时间。

第三步，以周为单位安排。为什么是以周为单位呢？因为蓄能时间不像基础时间，每天都必须有；也不像创造时间，有固定的上班日期，还有组织和社会他律会协同管理。蓄能部分的时间，是个人的自由安排，但我们很难同时在一天里面，既读书，又健身，还能出门和朋友聚会。

所以理想的方式，就是把想要做的蓄能事件，全部罗列出来，估算一下每项需要的大致时间，再合理地分配在一周中。

以我个人为例，我日常的蓄能事件，主要包括学习、运动、娱乐、爱好和人际。我在做一周的蓄能时间规划时，会先列出我想做的每类事情具体有什么，然后估算每一项的时间。

例如：

学习：阅读1本书《影响力》，25万字，累计8~9小时。

运动：健身3次，每次2小时，再加1小时路上及清洁时间，累计9小时。

娱乐：

①电影：1部《入殓师》，2小时；

②纪录片：1集《但是还有书籍》，0.5小时；

③漫画：每天15分钟，累计1.5小时；

④上网：刷微博、短视频，每天30分钟，累计3小时。

爱好：周末练字1小时（有超过1天空闲就去户外爬山或徒步）。

人际：线上联络1位好友，线下一次社交，4小时。

清晰了想做的事和需要的时间，就可以往周计划里面安排了。践行几周，就能找到每日、每周、每月安排的大致节奏，后续的蓄能时间都可以参考这样的安排。

每日：20:00—23:00 阅读/听课/看视频3小时。

每周：

①健身3次，每次3小时；

②周六练字1小时；

③线上联系1位好友1小时；

④线下参加1次聚会3~5小时。

每月：户外活动，1天。

不知道大家有没有注意到，我在写事项时，写得非常具体，读书就写清楚书名和全书字数，看电影就写清楚电影名和时间长度，这是为什么呢？

我们每个人一定都经历过这样的时刻，中午吃饭的时候想看部综艺，打开电脑挑了半天，饭都吃完了，还没确定想看哪部。晚上终于有时间了想看书，在一堆书里翻了半天，直到睡觉时间到了，也没决定好看哪本书。

对于这些选择很多的事项，临时做决定会遇到很多的干扰因素。所以在以周为单位提前安排的时候，一定要先把具体要读的书、要看的电影、要做的运动都敲定下来，避免临时决策浪费时间。

蓄能时间的规划告诉我们，不可能有完美的一天，但可以有完美的一周。

基础+蓄能：美好的一周

清晰了基础时间和蓄能时间分别如何规划，接下来，我们继续以老朋友大明为例，来看看他的一周时间是如何安排的。

图3-4中，深灰色色块代表基础时间，浅灰色色块代表蓄能时间，白色色块代表创造时间。

时间段	周一	周二	周三	周四	周五	周六	周日
7:00-8:00	写作1小时							
8:00-8:30	洗漱+吃饭0.5小时						
8:30-9:30	通勤+学习《XX课程》1小时					和家人大扫除 3.5小时	学习专业X知识 3.5小时
9:30-12:00	高效工作2.5小时					^	^
12:00-12:30	午餐0.5小时					^	午餐0.5小时
12:30-13:00	午休0.5小时					^	午休0.5小时
13:00-18:30	高效工作5.5小时					和家人出游 8.5小时	见XX朋友 5.5小时
18:30-19:30	通勤+学习《XX课程》1小时					^	通勤+学习1小时
19:30-20:30	晚餐+家人聊天1小时					^	晚餐+家人聊天
20:00-21:00	跑步1小时	读书3小时 《XX书》	跑步1小时	读书3小时	跑步1小时	和家人看电影 3小时 《XX电影》	跑步1小时
21:00-22:00	读书2小时 《XX书》	^	学专业X知识 2小时	^	看某综艺 2小时	^	本周整理+下周计划 2小时
22:00-23:00	^	^	^	^	^	^	^
23:00-23:30	复盘+洗漱						

图3-4 大明的一周时间安排表

首先，大明的基础时间比较规律，无论是工作日还是周末都是7点起床，23点半睡觉，除了出门游玩的时候，三餐都会准点吃。这样规律的作息和饮食节奏，能帮助他保持健康和精力充沛的状态。

工作日早晚各1小时的通勤时间，也安排了具体的课程学习任务。

上午和下午累计高效工作8小时，中午的1小时用来午餐和午休。晚上回到家先用1小时吃晚餐和家人聊天，20:00—23:00的3小时可以安排丰富的运动、学习、娱乐活动。23:00—23:30，用0.5小时来进行复盘和睡前的洗漱。

因为已经提前安排好了具体的内容和需要花费的时间，所以执行和计划的出入会比较小，基本都能达成。

周六上午跟家人一起大扫除，下午和家人一起出游，晚上一起看一部预定好的电影。周日上午在家学习专业知识，下午出门见朋友，度过一个非常愉快的周末。周日晚上，花2小时对本周进行整体的复盘回顾，并制订好下周的工作计划。

这样的一周，一定是充实、丰富且愉快的完美一周。

相信只要我们持续地记录、复盘，合理地规划、践行，也能够拥有这样完美的一周。

3.3

四招搞定执行力

知道如何安排基础、蓄能、创造的时间还不够，因为在实际的执行过程中，我们经常会遇到明明知道该做什么，但做的时候效率却很低的情况。

如果把我们记录的时间方块，想象成一个个乐高颗粒，那么每个人的时间就是有限的乐高颗粒，而时间管理，就是在用有限的乐高颗粒搭建我们的人生。

在这个时间有限的大前提下，如何深耕时间的利用率，提高单位时间的产出，就是我们一定要思考并解决的问题了。

深耕时间利用率，可以从四个方面入手：

第一，提高单位时间的产出；

第二，时间的精准化利用；

第三，时间的精细化利用；

第四，时间的叠加利用。

其中，第一个方法，即提高单位时间的产出，能从根本上提升时间利用率，其他三个方法则是在第一个的基础上起到锦上添花的作用。这一节，我们先来讲第一个方法如何落地。

想要提高单位时间的产出，就要先找到造成效率低下的根本原因：

第一，不想做；

第二，想做但不会做，或者思路不清楚；

第三，会做，但集中不了注意力。

💡 不想做？那就先做5分钟

"不想做"的原因可能有很多，但表现出来的形式都是一样的，那就是通过做各种其他的事情来逃避。有的人会一直刷手机，有的人会开始打扫卫生，或者去做一些特别简单的事，来回避眼前的任务。

我也曾经常沉浸在这种状态里，一天下来，东摸摸西摸摸，最后什么重要的工作都没完成。后来我发现，这种状态可以用"混沌"来描述，眼前一片雾茫茫的，思路也不是很清晰，只感觉有一大堆任务在等着自己，没有勇气去面对和开始。

尝试了很多方法之后，我发现了破解这种状态的秘诀，就是将眼前的任务从"混沌"状态转变为"具体"状态。

比如，"学好英语"这个任务就很模糊，给人很大的压力。但如果转变成"背这本词典的前10个单词"，是不是就一下清晰了？这就是具体的力量，它能帮你绕开情绪的混沌，带领大脑直接开始思考解决方案。

有趣的是，只要我们突破了第一步，从混沌进入具体的状态，我们的行动力就能飞速运转起来。你可以结合过去的经历想一想，之前自己在做事的时候，是不是只要开始做了，就会越做越来劲。这就是因为从具体的事情开始，混沌的困难会变成一个个具体的问题，每解决一个，你就会变得更加自信。但如果因为恐惧而迟迟不开始，事情就会变得越来越混沌，导致我们逐渐被焦虑淹没。

从"不想做"到"开始行动"，我们只是缺一个果断的开始。

著名心理治疗专家威廉·克瑙斯在著作《终结拖延症》中，分享了一个"五分钟法则"，就是把要做的事情最容易的部分放到第一个5分钟，先干起来。做完这5分钟，就不会轻易停下来了。因为一旦开始接触具体的事情，我们的注意力就会从焦虑转移到解决方案上来，我们就会自然而然地开始行动了。

我有一个很不爱运动的学员，她在听完这个方法后，打开运动App，随便挑了一个运动，决定先做5分钟。结果她不但做完了5分钟，还把一整段运动视频都跟下来了。之后她坚持使用这句咒语，每当自己不想运动的时候，就告诉自己：没关系，我就只做5分钟。只用了1个月的时间，她就养成了过去十多年都没能养成的运动习惯。

所以，下次遇到不想做的事时，记得念出这句咒语：我就先做5分钟。

不会做？四步拆解启动执行

解决了第一个"不想做"的问题，开始行动之后，我们接下来也许会遇到一个新的问题：不会做。

很多人在接到领导安排的任务时，会第一时间埋头开始做。但又因为没有确认清楚任务的要求，不知道后续工作该如何展开，导致花了很多时间在资料收集和厘清思路上。最后好不容易做完提交上去，却被领导以内容不合格为由打回重做，既浪费了时间，也给领导留下了做不好事的印象。

遇到这种感觉自己"不会做"的事项时，我们可以通过拆解的方式，把无从下手的大事，变成一件件简单可执行的小事。

拆解路径主要分为四步，一是确认事项目的，二是确认事项标准，三是确认有多少时间，四是按照做事的流程和每个部分需要的时间，拆出具体的执行步骤。

我们以领导安排的制作PPT的任务为例，看看这项任务如何拆解。

首先，确认制作这份PPT的目的，原来是要制作一份清晰简明的公司介绍PPT。

其次，内容上，需要在原有的版本上加入最新的信息，并且要求PPT尽量简洁。大纲分为三节，每节的内容不能超过4个。领导还要求里面有足够的案例，并尽可能图示化。

最后，这份PPT需要在明天下午客户来公司参观时展示，所以要在明天中午前的8小时内完成。

了解了具体需求之后，根据做PPT的流程以及所需的时间做进一步的任务拆解：

第一步，已有PPT资料整理，需要花费1小时；

第二步，撰写大纲文案，需要花费1小时；

第三步，制作PPT加匹配图片、图示、图表，大概需要花4小时；

第四步，添加动画、转换格式、检查PPT，大概需要30分钟。

总共8小时的时间，去掉上述的6.5小时，还剩下的1.5小时是预留的机动时间。

这样我们就把一个复杂的大任务变成了一项项小任务，再结合当前的工作计划情况，排进事项清单就可以了。

同时，面对一个新的任务，我们可以通过三种方法快速地掌握拆解逻辑。

一是对公司或组织原有的工作流程进行学习和使用。这个方法比较简单，但经常被忽视。大家在面对一个新的挑战时，很容易会想到要用创新的方式来解决问题。但在成熟的业务模式面前，创新通常只是锦上添花的一小部分，要先完成基础框架的搭建，才谈得上进一步创新。所以不妨先把公司或组织已有的文件、培训都认真学习一遍，里面的各种标准化流程、范式就是马上可以落地的拆解逻辑。

二是通过网络搜索他人的拆解流程。例如，学英语不知从何入手，就可以先确定自己当前的水平和期望达成的水平，如刚过四级，希望半年后以100分以上的成绩通过托福考试。基于这个画像，去网上搜索分享类似经历的学习帖，深入了解对方的备考流程和学习资料。如果有时间，可以多搜集几位，将不同学习者的经验分享综合起来，给自己制订一套英语学习方案。

三是直接找身边有经验的人请教。这个方法效率很高，因为有实操经验的人能直接讲清事项的操作流程和需要注意的细节。我们一方面要积极主动地求助，另一方面要在提问前先做好功课，讲清楚自己已有的思路以及需要对方推动突破的问题。

总而言之，突破"不会做"的关键，是千万别花时间自己去琢磨和原创，而是第一时间找到别人已经成功过的模板来使用。因为很多我们自己第一次做的事情，已经有无数前人做过并总结好经验了。

快速进步的秘诀，就是不要重复造轮子。

💡 怕干扰？打造防打扰的时间和环境

解决了不想做、不会做的问题，就能提高效率吗？也不见得。当我们在工作中无法集中注意力时，工作的效率也会大打折扣。

分析我们无法集中注意力的原因，无外乎两种，被外部打扰，或者自己分心。

外部的打扰也分来自沟通的打扰和来自环境的干扰。

在职场中工作，大家普遍有经常被同事或领导打扰，不得不中断手上工作的体验。其实人们并不是想互相干扰，而是各自的工作节奏不同，没有事先约好的非正式沟通，一定会导致一方正在做的事被中断，之后要再花时间回到工作状态中，会直接影响工作效率。

为了应对来自沟通需求的干扰，我们可以主动设置自己的防打扰时间。也就是先设定一个希望不被打扰的时间段，并提前告知对方，你什么时间是有空的，什么时间不方便回复。

例如，如果你是财务部工作人员，可以发布一个这样的通知："各位亲爱的同事们，因公司发展良好，业务繁忙，最近财务部工作量陡增，现计划将每天10:00—12:00设定为财务部内部处理工作的时间。有业务对接的同事，请在9:00—10:00以及13:00以后这两个时间段集中联系我们，谢谢大家的配合。"

如果你是甲方，想要催稿可以这么说："张女士早上好，我是A公司负责与您对接文案内容的同事，我们的文案需求已经发给您了,麻烦您在今天13:00—15:00这个时间段,将文案初稿发给我,我会在16:00前与您确认,谢谢。"

如果你是领导,可以告知人事:"请将我的面试时间统一安排在周三13:00—16:00这个时间段,如有意外情况我会提前告知。"

如果你收到领导安排的任务,可以说:"收到,我上午要处理A项目,这份文件15点前给您,您看可以吗?"

如果你正在从事自由职业,可以发朋友圈告知:"大家好,上午时间我一般用来集中输出内容,回复消息会慢,请尽量在13点之后与我联系。"

举了这么多例子,我们不难发现,防打扰的秘诀就是先发制人,提前和对方约定时间,既能方便他人也能解放自己。

掌握了设置防打扰时间的方法,我们就能主动将上班时间分为专注工作时间和专注沟通时间。在专注工作时间里,独自集中注意力完成工作;在专注沟通时间里,把当天的沟通任务集中在一起统一完成。这样原本会被各种打扰切得稀碎的时间,就都能化整为零,高效利用了。

在工作中,除了沟通,环境也常常是打扰我们工作的重要因素。减少环境干扰可以从两方面入手,一是减少外部信息干扰,二是打造适合自己的工作环境。

对于来自信息的干扰,大家一定都有过这样的体验,本来在集中注意力工作,突然弹出一条来自朋友或者新闻应用的信息,当下点进去看了,就会不知不觉再看看别的,等想起来手头的工作时,已经不知不觉过去了十几分钟。

还有一个潜藏的专注力炸弹,就是各种信息纷杂的微信群。很多人的微信页面上会有一堆红色的数字,让人看着就感觉压力很大，这些群消息会让我们觉得不看怕错过，但真的看了又发现没什么价值。

互联网时代，随时随地都有无限多的信息想要抢占我们的大脑，这对于专注是极大的挑战。

为了预防这些问题，我们可以从根源上减少信息。首先，尽可能地关闭所有非必要软件的提醒，退出不必要的微信群。对于无法退出的群聊，直接设置成免打扰，或者折叠起来。如果担心错过群里的重要信息，可以挑选关注重要的群成员，比如群主、管理员，当这些人在群里发消息时，你才能收到通知。

在这个基础上，我们还可以在工作时退出电脑微信，并把手机放到2米开外，伸手够不到的地方。

比起考验自己的意志力，更好的方式是让这些干扰信息没有机会出现。

屏蔽了信息干扰后，我们还需要打造一套适合自己的工作环境。

为什么要特别强调"自己"，因为不同人对于工作环境的需求差别非常大。从环境音来说，有的人极其喜静，有的人则在咖啡厅、室外这样比较吵嚷的环境中更能集中注意力。从桌面布置来说，有的人一定要清理干净桌面才能进入工作状态，有的人则觉得乱糟糟的桌面更能带给自己灵感。

那如何判断自己到底适合哪一种工作环境呢？需要我们亲身体验，比较之后再做出选择。

以工作时是否应该听音乐为例，对于喜好安静的人来说，如果把听歌作为一种屏蔽外界噪声的屏障，那么听歌是有用的。但如果当前的环境已经很安静，听歌只是为了放松心情，那大概率它会让你走神，比如听到熟悉的歌忍不住跟着哼起来，或者听到不喜欢的歌还得打开手机切换，等等。但对于喜好背景音的人来说，如果不听歌甚至无法进入工作状态。

个人喜好没有优劣之分，哪种方式更能让自己集中注意力，提高产出，就使用哪种即可。

怕分心？"50+10"保护专注力

外部的干扰相对比较好解决，内部不由自主地分心这一问题更令人困扰。

网络上有很多教大家如何提高专注力的文章，但我们首先要了解，人的专注力上限并不高，持续二三十分钟就已经是很不错的水平。而大量复杂的工作，却需要我们持续高效工作数小时。所以比起提高单次的注意力时长，更关键的是在分心时，能够及时觉察并重新回到工作状态中，以及在疲惫时及时休息。

时间管理领域有个非常经典的工具叫作番茄钟，就是以30分钟为一个单位进行工作和学习，其中包括一个25分钟的专注时间和一个5分钟的休息时间。这个方法符合人的专注力只能持续15~20分钟的生理条件，但真正落地运用时，我们会发现其不太适用于职场环境。

因为职场的环境干扰较多，经常20分钟过去我们刚进入工作状态，或者还没到时间就被中断。另外，人比较多的环境里，也不太方便每25分钟就起来走动或休息。

另外一个可以参考的数值，来自美国的一家员工效率监测公司。他们发现了一个工作时间和休息时间的黄金分割比例，也就是工作52分钟，休息17分钟。

在践行了各种方法之后，我发现比较容易执行的提高专注力的方法是工作45~50分钟，休息10~15分钟。

从时间上讲，工作加休息刚好是1小时，方便我们记录和统计。同时，较长的工作时间确保了工作产出，较长的休息时间能让我们充分活动身体，恢复精力。

在45~50分钟的工作时间中，如果担心自己会分心，还可以用及时阻断的方式来避免。具体做法很简单，就是在手机上找一个有倒计时功能的软件，开启一个50分钟的倒计时，再在旁边摆一张纸和一支笔。在接下来工作的过程中，每当自己下意识地去看手机时，就记录一下屏幕上显示的时间，然后继续回到工作中，等50分钟倒计时结束，再看看自己分心了几次。

这个方法起作用的关键，就是让我们在注意力开始不集中时，第一时间觉察并中断我们想要转移注意力的潜意识，提醒我们尽快返回工作状态。经常使用，还可以显著提升专注力。

手机上类似的倒计时工具有很多，可以用闹钟自带的功能，也可以用"Forest专注森林"这样带有一定趣味性的专注力培养软件。

在10~15分钟的休息时间中，如果能把要做的事情大致固定下来，还能成为一套高效的工作启动仪式。

比如，我喜欢在休息时间到楼梯间或者楼下走几步，做做简单的拉伸和深呼吸。准备重新进入工作之前，我会做固定的三件事，一是去一趟卫生间，二是倒一杯水，三是戴上耳机，这三件事就组成了一套我个人的独特工作启动仪式。无论在家、在公司还是出差在外，在整齐还是在凌乱的办公桌上，在安静还是在吵嚷的环境中，我都能立即进入工作状态。

这就好比跑步前的热身一样，借助身体动作，带动大脑快速运转起来，热身完直接开跑。

想要实现这样的状态，只需一个简单的桌面闹钟提醒。如果是苹果系统可以使用Be Focused这个软件，如果是Windows系统，它自带的电脑闹钟就够用了。设置好"45+15"或者"50+10"的闹钟组合，到时间电脑就会自动提醒你该工作或者该休息了。

最后，如果有条件，建议大家给自己配置一个可以升降的办公桌或者桌上桌。每次休息之后，就可以切换一下办公的姿势，比如第1个50分钟是坐着的，那第2个50分钟就可以换成站着。

这样我们就有了一套高效的工作模式，借助电脑闹钟，提醒自己每工作45~50分钟，就休息10~15分钟，工作过程中用手机倒计时软件来阻断分心。休息期间让大脑和身体充分放松，再用一套固定的工作启动仪式，重新进入下一个阶段的工作。同时，借助每次休息切换站坐姿势，保护腰椎和颈椎。

这里要特别强调一下及时休息的重要性，现在我们办公的场景大多是坐着，但是久坐的危害真的比我们想象的要大得多。

第一个事实是久坐和许多疾病相关，比如容易造成颈椎病、腰椎间盘突出、肌肉量减少、内脏脂肪增加，还会导致2型糖尿病风险增加88%，心脏病风险增加14%，肺癌风险增加27%，肠癌风险增加30%，子宫癌风险增加28%。我们不需要去纠结这些数据到底准不准确，只需要牢牢地记住，久坐会影响到我们身体的方方面面。

第二个事实是运动和久坐其实是不能相互抵消的，也就是说即使你每天运动两小时，也不能弥补你久坐六七小时甚至十小时以上对身体造成的伤害。

所以比起加强运动，及时休息更加重要，因此我们要将休息环节加入日常的工作中。

3.4

三步提升时间利用率

深耕时间利用率的方法，除了提高单位时间的产出，还有时间的精准化、精细化利用，以及时间叠加。

💡 精准化：降低时间分配的误差

时间的精准化利用，就是从事件出发，缩小做一件事的预估时间和实际使用时间之间的误差。

大家在做时间管理时，常常会遇到一个困惑：为什么自己预估的时间经常不准？

仔细回想便能发现，我们每天做的事情可以分为两大类，一类是使用时间相对可控的，另一类是相对不可控的。相对可控的这部分，才是我们做精细化利用的关键。

拿读书来举例，你知道自己读完一本24万字的熟悉主题的书需要多长时间吗？如果不知道的话，分配自己的阅读时间时，你很容易做出乐观的预测，觉得自己每天1小时，一周就能读完这本书，但实际可能花了两周都没读完，这会大大打击你的积极性，让你对自己的计划产生怀疑。

实际上，我们只需要做四个动作，就能计算出一个比较准确的时间开销。

第一步，打开这本书，阅读15分钟，并统计读过的总字数。

第二步，算出自己的阅读速度，比如每分钟500字。

第三步，算出自己一小时的阅读字数，也就是500字乘以60分钟，一共是3万字。

第四步，得出答案，阅读24万字熟悉主题的书，你需要8小时。

这样我们就能在一开始就给这本书分配8小时的阅读时间，计划时间和实际使用时间的误差就能大大缩小，达到精准化运用时间的目的。

同时，读书速度在一个较长的时间段内，相对比较稳定。所以算出这个数据之后，下次安排阅读计划时，只需要看一下书的总字数以及自己是否对这个主题熟悉，就能估算出自己需要支出的阅读时间了。

时间的精准化利用，可以全面帮助我们提升对时间的把控。工作上，我们可以梳理出自己每天都要做的工作是哪些，每一项大约花多长时间。生活中，知道自己每日的通勤时间、吃饭时间、洗漱时间等，有助于降低时间管理计划与实际的出入。

对于另一些相对不可控的事情，比如全新的工作任务、生活中的挑战等，我们无法提前精准地判断会花费多少时间，但可以在认知上先预判一个区间。

软件开发是典型的复杂项目，做出一款软件的过程受太多因素影响，包括但不限于历史经验无法复用、开发人员变动、需求变更、程序员的过度乐观等，这些都让估算工期变得极其困难。

也是在这个领域，诞生了一条著名的霍夫施塔特定律，该定律指出：即使你考虑到了霍夫施塔特定律，项目的实际完成时间也总是比预期的要长。

也就是说，即便我们已经做出了最大的努力，也知道任务的复杂程度，但仍旧会延误。我把这种情况总结为，人总是倾向于高估自己的能力，低估任务的难度，导致计划无法按时完成。

所以，当我们对项目完成的时间没把握时，设置截止日期的方式，就是先预估最坏的情况下需要花费的时间，再乘以两倍。和我们在讲高效工作五步法的预留机动时，所说的预留3~5倍的机动时间，其实是异曲同工的。

同时，在心理上也要提前做好准备，对于无法精准预估的复杂项目，我们可以设定一个严格的最后期限，但别指望项目会按计划全部完成，结果大概率会比理想预期完成得少。

对于时间的精准化利用，就是从事件出发，相对可控的事件追求降低预估时间与实际用时的误差；相对不可控的事件则要在预估最坏的情况下，再多预留一倍的时间，同时降低预期，这样我们的计划才更可能实现。

精细化：把24小时用成48小时

前文我们讲到了"时间颗粒度"的概念，而现实中人和人之间效率的差别，就体现在时间颗粒度的大小上。

比如有的人和你约时间，用的是"咱们下午见"，没有具体的时间点，这样的人的时间就是以半天为一个颗粒度来划分的。而另外一些人，会告诉你"我们14点30见，我会提前10分钟左右到占个位置"。这样的人，时间的颗粒度就可以细到10~15分钟。

俞敏洪就在演讲中提到，他的时间颗粒度是15分钟，以15分钟为一个开始和节点，在15分钟里面就要完成一件事情。这样他的颗粒度就要比以一天、半天、一小时为颗粒度的人高出很多。即使其中有几个15分钟产出的成果质量不高，一天下来，完成事情的总量也要超过其他人很多。

以15分钟为颗粒度，并不意味着每15分钟就要换一次工作内容，很多工作是以小时为单位的。但和"先做5分钟"一样，以15分钟为节点提醒自己，在对时间流逝的觉察中开展工作，要比一直闷头苦干效率高得多。

除了主动切分颗粒度提高效率之外，关注单个颗粒度的时间能做什么，也能帮助我们提高时间利用率。

和乌鸦喝水的道理一样，无论怎么安排，每天的时间里一定会有各种碎片化的时间。所以颗粒度越小的人，对于碎片化的时间运用得也就越好，效率自然就更高。

想要提升时间精细化的利用，我们可以提前列一个清单，想好每个颗粒度的时间都能做什么。

比如，15分钟能做什么？可以听一节音频或视频课，做一组快速锻炼，给家人打一通电话，简单清扫一下地板，下个外卖订单。5分钟能做什么？可以欣赏一首歌，做一组颈部拉伸，去一趟卫生间，下楼扔个垃圾，快速回复一条消息。1分钟能做什么？可以做一组深呼吸，10个深蹲，快速扫一眼待办清单。

有了这样一张清单，突然有碎片化时间的时候，我们就可以灵活运用起来了。

和时间精准化从事件出发不同，时间精细化是从时间出发，把时间的颗粒度拆分得越精细，我们能够做的事情就越多。

💡 时间叠加：一份时间两份收获

最后一个深耕时间利用率的方法，就是时间叠加，也就是在同一段时间里，同时做一件以上的事情。

随着网络、知识付费以及各类视频、音频平台的普及，现在大家已经很习惯这么做了。比如刷牙时或者通勤中听课,打电话的时候四处走动活动身体。

在做叠加的时候需要注意,叠加的两件事之间不能相互干扰。比如听音乐和打扫卫生就可以叠加,但是听课和看娱乐视频就冲突了。我们在做选择时,一要注意安全,比如不要在开车的时候打电话,不要一边骑车一边戴着降噪耳机听音乐;二要确定哪件事为主,哪件事为辅,顺带一起做的事,不能干扰主要做的事,例如一边看综艺一边做工作,看似叠加了时间,实际降低了工作效率,也没能真正享受看节目的快乐。

此外,当我们在记录时间时,如果遇到了时间叠加的情况,可以以价值更高的那件事为准,合并记录。比如,通勤时间学英语,就可以标记为学习时间;边听歌边跑步,就可以标记为运动时间。

大家可以在实践中继续探索各种有创意、有意义的叠加组合,帮助自己轻松实现一份时间两份收获。

本章小结　提升效率,让工作生活更充实

基于时间管理三分法,我们可以先从创造时间入手,运用高效工作五步法提高工作效率,防止工作时间溢出8小时之外。五步法具体包括列出任务、估计时间、预留机动、排序分配和检查回顾。

基础时间越规律越高效,我们可以通过记录、调整、固定和优化四个步骤,逐步过渡到适合自己当前生活节奏的安排

方式。

蓄能时间适合以周为单位安排，先把想做的事都列出来，再估计每个事项需要的时间，然后排入整体的时间计划中。

在明确了时间分配后，我们还需要继续深耕时间利用率，提高单位时间的产出。对于不想做的事，我们可以先做5分钟；不会做的事，通过明确目标、明确标准、确认时间和具体拆解来突破；不专注的问题，可以通过打造防干扰的时间、环境以及有助于专注的工作模式来解决。

此外，我们还可以从事件出发，提升预估每项事件花费时间的精准率，对时间进行精准化利用；从时间出发，降低时间的颗粒度，对时间进行精细化利用；也可以通过时间叠加，实现同一段时间完成两件及以上的事。

落地作业　制作一份你的高效时间安排表

请持续使用一周的"块时间"App，记录并梳理自己日常事务和常规工作事项的时间使用情况，形成一张时间开支清单，并结合本章提到的各种提升效率的方法，参考大明的一周时间安排，给自己制作一份高效时间安排表。

加餐小锦囊　　五大常见效率问题对症下药

Q1：总感觉还有时间，不知不觉一天结束，计划的事情都没做。

这是典型的时间敏感度低的表现，建议使用"疯狂的闹钟"，每一个整点提醒自己一次，也可以尝试每半个小时提醒自己一次。闹铃响时，快速在"块时间"App上记录自己这一个小时或者半个小时做了什么，核对和自己的计划是否有出入。持续使用三天以上，就能有效提升对于时间的敏感度，意识到计划的紧迫性，不会再无意识地浪费时间了。

Q2：感觉时间应该够完成计划，实际用时却远远超出。

这个情况非常正常，人们在做计划时总是表现得过度乐观。我们可以通过做两件事来应对，一是记录自己每次计划完成的时间，和原先设想的进行对比，了解出入在哪里；二是之后的计划，先考虑最糟糕的情况，再在此基础上增加一倍的时间预算。

Q3：按照时间顺序排好的事情，刚开始就被打乱了。

排序只代表了理想情况，真正执行时，计划被打乱是很正常的，正所谓"枪声一响，预案作废"。所以计划被打乱本身是必然的，并不可怕，关键是事项的完成结果，不是事项的完成顺序。这就需要我们在早上开始前、中午结束前、下午开始前、下班前等多个时间点，多次检查任务清单，时刻清晰当日的工作任务，留出灵活调整的余地。

Q4：当天的事情没做完，很沮丧，也不知道该怎么处理，是放弃还是换一天做。

要理解无论如何计划，我们都会遇到不可预测的问题，所以每个人都会有完不成计划的时候，这很正常，要从认知上接纳。至于没有完成的事情，要继续往下分析，如果是不做也没关系的事，就取消并写清楚取消原因。如果是要继续做的待办事项，就挪到之后的时间，安排执行。

Q5：感觉自己已经尽全力了，但计划还是经常完不成。

这时需要我们反思一下，是不是自己的时间安排得太理想、太满了。在做安排时，每天2小时的机动时间是最低标准，这个时间尽量什么都别安排，预防工作和生活中有突发的事项，或者原计划中有需要更多时间的事项。时间资源是毫无弹性的，在安排时一定要留有余地。

第4章

精力优化
保持你的最佳状态

CHAPTER 4

4.1

身体是个万年老古董

💡 10000岁的身体与现代的生活方式

身体是我们生存的第一环境,无论住大平层还是小陋室,身穿豪华服饰还是平价T恤,每个人首先感受到的都是身体的状态。

但在现代人日复一日的忙碌中,身体感受很容易被忽视。我们可以一起跟随下面几个问题,来觉察一下身体此刻的感受:

今早醒来后,你感觉自己精力充沛吗?
你此刻身上有什么部位感到不适吗?
你最近一次感到焦虑是因为什么?
你是否感觉自己获得了足够的来自家人和朋友的情感支持?

对这些问题的回答,就是在对自己当前的精力状态做基础检视。

现代社会能够吸引注意力的事物实在太多了,以至于我们的目光从一个屏幕转移到另一个屏幕,听觉从一个频道切换到另一个频道,思绪从一则消息转到另一则消息。我们的大脑在频繁的外界刺激下,屏蔽了身体的感受,经常是回过神来已经脖子酸痛、腰部僵硬、双眼干涩、头晕脑涨。

这就提醒我们不得不关注一个显而易见的矛盾,飞速发展的科技改造了我们的生活环境,却没法直接改造我们的身体。

当前的人类历史研究结果表明,一万年前左右,我们的身体已经进化到了现在的状态。此后一万年间直到现在,并没有发生根本性的变化。而人类文明史实际上只有7000~8000年,科技史则更要短得多,2007年第一代iPhone 2G才面世。

我们身体的自然进化,根本无法适应外部环境的剧变。

如果用一天24小时来展示智能手机出现对人类身体带来的挑战,就好比一天中前23小时58分钟我们都处于同样的身体状态——擅长走、跑、跳、推、拉,但在最后的2分钟,突然把我们按在椅子上一动不动,要求我们只能坐着用大脑处理大量的信息。让身体立即适应这样的状态,显然是不切实际的。

所以,无论你多年轻,你的身体也是一个有一万年历史的老古董。如何帮助它更好地适应现代生活,就是我们精力管理所要讨论的核心问题。

用精力管理应对身心挑战

在生命的前二三十年,我们很难感受到不健康的生活方式对身体带来的负面影响,这是因为绝大多数的疾病会经历漫长的积累期,然后在临界点轰然爆发。

当我们的身体比较年轻,拥有较强恢复能力的时候,即使熬夜、久坐、久盯屏幕,我们也很快能从疲惫状态中恢复。

但随着年岁渐长,工作中我们的责任越来越大,生活中扮演的角色越来越多。过往积累的身体疲劳和精神压力,渐渐无法及时缓解,长此以往就会以疾病的形式出现。

例如,我们这一代人常见的颈腰椎疾病,其本质就是一种退行性病变，即身体的"老化"。这就好像人的生老病死，都是自然规律，无法避免，无法逆转，每个人一生中几乎都会经历颈腰椎疾病的困扰。

但科技飞速发展导致的生活环境剧变加速了这种老化，如今30岁左右年轻人的颈腰椎状态，可能和过往四五十岁中年人的状态一样。如果任由其发展，很难想象这代人到了老年时期，身体会堆积多少问题。

此外，随着年龄增长，我们的大脑也在不断地退化。例如，大脑中帮助记忆及空间定位的海马体，30岁之后，每隔一年就会萎缩0.5%。所以常听人抱怨说，年纪大了记忆力不好，是有一定的生理原因的。

这里只是简单地举了两个例子，实际上，现代人有可能患的疾病已知的就有一万三千多种。可以预见，随着年岁渐长，我们身体遇到的挑战将会越来越大。

也许有人会说，医疗的发展也在进步，这当然是一个事实。但更确定的是，就像一支用旧了的铅笔无法重新变得崭新一样，已经病变的身体只能借助医疗手段消除症状，减轻患者的不适，有些疾病几乎是不可能根除的。

现代文明的发展，例如环境污染、生活节奏快、空前巨大的信息量、愈加复杂的社会关系、作息方式的变化、物质日益丰富、家庭构成的变迁等，都使人类社会中的心理疾病逐渐增多并恶化。如何疏导负面情绪，保持积极健康的心态，有勇气应对来自生活和工作的挑战，也是精力管理的重要课题。

应对一切疾病和风险的最好方式是预防，精力管理就是帮助我们为身心营造更健康的环境，持久呵护身心健康。

做好精力管理的三个原则

在做精力管理时，我们需要参考三个核心的行动原则。

第一个原则是关注系统。人体共有八大系统，包括运动、神经、内分泌、循环、呼吸、消化、泌尿、生殖。这些系统协调配合，使人体内各种复杂的生命活动能够正常进行。

但现代医学采用分科治疗，病人根据自己感知到的症状去对应科室就诊，常常导致"头痛医头，脚痛医脚"。各科医生对于自己领域内的具体病症非常专业，但对于我们个人健康系统的了解，并不比我们自己多多少。

这就需要我们主动关注自己的身体需要，从睡眠、饮食、运动、情绪、心态等入手，帮助自己维持健康和精力充沛的状态。

第二个原则是量身定制。我们在做精力管理时，常会陷入一个误区，即照搬套用他人的经验总结。例如，几点起床、三餐吃什么等。但每个人的体质和生活习惯不同，这样"抄作业"的结果，往往要么是达不成目标，要么是无法坚持。

《掌控》一书的作者，跑步教练张展晖曾经举了一个例子：有人买市面上的代餐减肥，但代餐本身是针对某一个体重量级的人设定的，结果比这个体重低的人越吃越胖，比这个体重高的人怎么也吃不饱，还需要另外补充食物，两类人群都无法达成健康体重的目标。

量身定制并不一定要高价聘请专门的健身教练或者营养师，只要我们能够掌握一些基本的精力管理知识，就能给自己定制符合当前需求的精力管理计划。

第三个原则是删繁就简。当我们刚开始定制自己的精力管理计划时，对自己身体健康状况的了解都是主观感受，缺乏客观数据的支持。所以需要从观察和测量入手，例如计算自己的运动心率，每餐需要摄取的营养成分等。但当这一步完成后，后续配套的执行动作一定是越简单越好。

市面上有很多帮助我们记录和分析饮食的工具，却很少有人能坚持使用。这就是因为一日三餐是生活中太过平凡的事，很难做到一顿不落地精心计算。

反之，前期根据自身的具体情况，设定一些饮食的基本要求后，只要遵循大原则就行，即使一两天吃得不健康，也能在一周这样稍长的时间周期里调整回来。

精力管理涉及了我们日常生活的方方面面，需要长期、规律地践行，只有简化到每日、每周、每月做什么，才能真正落地。

4.2

体力：睡好吃好运动好

💡 睡好：活好人生的三分之一

在时间三分法中，优先级最高的基础时间部分，包括睡眠、饮食、清洁、休息和家庭。其中睡眠占据的时间最多，人一生中大约三分之一的时间是在睡眠中度过的，睡好可以说是人生中的首要大事。

奥运冠军谷爱凌在采访中说，她每天要睡10小时来保持精力和体力。搜狐创始人张朝阳说睡太多不好，4小时足矣。他们都在各自的领域取得了非凡的成就，可见影响睡眠的核心要素，除了睡眠长度，关键的是能不能找到适合自己的高质量睡眠习惯。

想要提高睡眠质量，需要先了解"睡眠周期"的概念。从外在表现上看，我们是晚上入睡早上醒来，但在这个过程中，睡眠其实是呈现周期状的，一晚6~9小时的睡眠时间里，我们会经历4~6个周期，每个周期90~120分钟，由浅睡期、深睡期和快速眼动期三种状态交替构成。

深睡期主要出现在上半夜，帮助我们恢复体力。快速眼动期主要出现在下半夜，协助大脑将白天的短期记忆加工成长期记忆储存起来，这个时段我们一般处在做梦状态。

一个周期里同时存在三类不同的睡眠状态，也能解释我们为何会有不同的起床体验。浅睡期听到闹铃，容易快速清醒；处在深睡期时被动醒来，我们会感到头脑晕晕沉沉，很不舒服，起来后好一阵才能慢慢清醒；如果在快速眼动期被吵醒，我们能比较清晰地回忆起刚才的梦境。

一个完整的睡眠周期是从浅睡眠开始，再以浅睡眠结束。想要无负担地在浅睡眠状态里起床，就要尽可能地睡完整的睡眠周期，也就是1.5小时的倍数。例如，4个周期就是6小时，5个周期就是7.5小时，6个周期就是9小时。

睡眠周期的存在，让我们可以有针对性地提升睡眠质量。比如体力劳动者适合早睡，借助集中在上半夜的深睡眠快速恢复体力。脑力劳动者需要更关注下半夜的睡眠，比较理想的状况是，在不被闹钟打断的情况下自然醒，不中断集中在下半夜的快速眼动睡眠。如果不得不早起，可以按照1.5小时的倍数睡足完整的睡眠周期。

　　了解了睡眠的基础知识后，我们来看看如何一步步拥有高质量的睡眠。和时间管理从记录开始一样，睡眠也不适合一上来就硬规划。作为一天当中占据三分之一时间的身体习惯，睡眠有很强的惯性。单纯从主观意愿上，希望从凌晨2点入睡，一步调整到晚上11点入睡，只会增加睡眠压力，导致更加睡不着。

　　我们可以把调整睡眠习惯的时间周期放得更长一些，通过1~3周的时间，运用三个步骤来逐步优化睡眠情况，第一监测睡眠，第二找到规律，第三优化作息。

　　第一步，监测睡眠，就是有针对性地了解自己的睡眠需求。这一步需要有配套工具，比如睡眠手环、睡眠手表、睡眠软件等。从测试结果看，可佩戴的监测工具准确度要大于手机里自带的软件工具。

　　大家可以根据自身需求，购置一款带睡眠监测功能的智能手环或智能手表，连续观测一周自己的睡眠状况。周末的时间尤其重要，我们可以在晚上的理想入睡时间睡觉，早上睡到自然醒，看看自己身体睡饱需要的常规睡眠时间是多长。有了1~2周的数据之后，我们就能结合数据和自己每天的精神状态，找到自己的睡眠规律。

　　第二步，找到自己的睡眠规律。可以从需要睡眠的时长、最佳睡眠的时间段、个人的睡眠习惯、辅助的睡眠工具、对睡眠环境的要求等来一一分析。

　　作为一个生活在上海的新疆人，我会有一个额外的困扰：时差。新疆当地时间整体比全国通用的北京时间晚2小时，也就是说，北京时间早上7点相当于新疆当地的5点，晚上11点相当于新疆的晚上9点。我能够在两地来回奔波的过程中，还能保持较为规律的作息，靠的就是先记录、找规律，再优化，建立起了一套适合自己的睡眠习惯。

我从2015年至今，一直通过睡眠手环或手表，持续监测和观察每日睡眠数据，充分了解了自己的睡眠需求。

时长：晚上至少需要睡够6小时，6.5~7.5小时是理想充足的睡眠区间，午睡需要20~30分钟。

时间段：必须在12点前入睡，超过12点就很难进入睡眠状态。

睡眠习惯：早上不管几点，只要醒了就很难再次入睡，无法靠回笼觉补觉，所以要尽量早睡。如果没睡够，也不能硬躺着，可以先起来喝杯咖啡，到中午再补觉。午睡时间不需要很长，在交通工具上也能完成，小睡20分钟就能保证一下午精力充沛。

睡眠工具：无论在何种环境下，都习惯戴耳塞和眼罩。有条件的时候，侧卧时睡高枕，正躺时睡低枕。

睡眠环境：室温20℃左右舒适，不能太高，睡觉时不开窗，所以睡前需要提前给房间通风。

基于长期监测，我发现由于一些客观或主观原因，偶尔导致的熬夜或者失眠都是正常的。只要及时调整，一两天内就能回归到正常规律的睡眠状态，不需要过分担心。

这套我为自己定制的睡眠习惯，帮我解除了睡眠焦虑，保证了长期的高质量睡眠。也让我无论生活在上海还是新疆伊犁，都能大致保持同样的睡眠作息，降低了身体来回转换的负担。

第三步，优化作息。这一步的关键是不能着急，要给身体足够的适应新作息的时间。如果是长期熬夜晚睡，一开始可以先将入睡时间往前调整半小时，适应后再往前调整半小时，逐步过渡到理想的入睡时间。

还有一个很好用的小方法，就是给自己定一个"睡眠提醒"闹钟。比如，计划晚上11点睡觉，可以倒推自己做入睡准备需要的时间。如果需要半小时，就定一个10点半的闹钟，闹钟一响就开始做入睡准备，到了11点就能准时睡下了。

我还有一个自己很喜欢的个人习惯，就是回到家吃完晚饭后，就刷牙洗漱。这样到了时间点，就可以直接睡觉，不会再因为要洗漱，又驱散了睡意，影响睡眠。这个方法同时还能避免晚间控制不住吃零食，增加肠胃负担和变胖的风险。

此外，有睡眠困扰的朋友，要多尝试各类助眠措施，直到找到适合自己的方式。

尝试用室外运动替代褪黑素。有些人会服用褪黑素来帮助睡眠，其实我们只要白天在室外运动15~30分钟，就能抑制白天褪黑素的分泌，让头脑更加清醒，同时增强晚间褪黑素的分泌，改善睡眠。

尽量在固定的时间段入睡和起床，即使周末也不要打破习惯。很多人喜欢在周末补觉，或者在周五放肆熬夜，觉得第二天反正不上班，睡到几点都可以。殊不知，这会直接扰乱身体的作息节律，让人更容易疲劳和情绪化。美国亚利桑那大学的一项研究甚至量化了这种不健康的睡眠习惯给身体带来的风险：周末比平时晚上每晚睡1小时，患心脏病的概率就会增加11%。

不要摄入酒精和咖啡因。晚上不容易入睡的人，白天要避免饮用任何含咖啡因的饮品，比如咖啡、奶茶、茶等。也尽量不要午睡，如果特别困，需要小睡，就只睡20~30分钟，避免进入深睡眠，否则醒来之后更困，还影响晚间的睡眠质量。另外，切忌借用酒精助眠。2001年由美国韦恩州立大学开展的一项研究表明，饮酒之后人的深度睡眠时间会缩短，快速眼动时间则会相应延长，降低休息质量。所以在睡前饮酒的情况下，无论你睡了多久，第二天都会疲乏无比。

改善入睡环境。没有光源，在20℃左右的低温环境能帮助我们更快入睡。如果喜静，可以使用耳塞；如果喜欢有一些声音，可以找白噪声的音频当背景音。

睡前90分钟远离电子产品。电子产品的背光会抑制身体内褪黑素的产生，导致入睡困难。所以睡前要避免看电影、追剧或者用手机阅读小说，可以读一些纸质书，例如放松心情的散文，或者艰涩难懂的专业类书籍，更容易助眠。

建立一套自己的睡前仪式。谷爱凌分享过自己的睡前仪式，分别是定闹钟提醒自己要准备入睡了，然后关手机、写感恩日记、泡澡、读书和拉伸。这一套流程做完，身体和精神都得到了充分的放松，就能轻松入睡，拥有高质量睡眠。

及时寻求专业医生的帮助。睡眠质量是影响人身体健康的第一要素，如果尝试了很多方法之后，仍然存在睡眠障碍，一定要及时前往正规医院，寻求心理科、神经内科等专业医生的诊断和帮助。

良好的睡眠质量没有什么秘密，在了解了自己需要的睡眠周期后，能够尽量保证规律的作息和良好的睡眠环境即可。有特殊情况需熬夜的话，一周内晚睡不要超过2次。

做到这样，我们就可以满足保证身体健康的基础睡眠需求了。

💡 吃好：简单易行的"211"饮食法

做精力管理，解决了睡眠问题，第二重要的就是日常饮食了。

我想很多人和我有一样的困扰，虽然知道怎么吃比较健康，但自己没有太多时间做饭，健康外卖的选择少。吃饭又是一件频次很高的事，每天都要为吃什么、怎么才能吃得更健康而感到困扰。

尝试了很多饮食方法后，我选择了相对简单易行的"211"饮食法。"211"饮食法，是指一份正餐中，需要包括2份蔬菜、1份蛋白质和1份主食，每一份是自己拳头的大小。

蔬菜以深绿色、紫色、橙红色蔬菜为主，最好一半为绿叶蔬菜，另一半为菌类、十字花科类、鲜豆类。其中，十字花科常见的有卷心菜、西蓝花、大白菜、小白菜，以及各类萝卜等。

蛋白质主要包括肉、蛋、奶，例如，一罐牛奶、一个鸡蛋，或体积为一掌的豆腐、鱼、肉。

一份主食建议是全谷物、杂豆类或者薯类，以做熟后体积一拳为标准。

除了食物的配比，还要注意饮食的顺序，尽量先吃蔬菜，再吃蛋白质，最后吃主食。

在家里烹饪时，如果多人用餐，可以炒两个素菜、一个肉菜，再搭配一份米饭或馒头。如果自己吃，可以简化为一小盘素菜、一个鸡蛋，外加两片面包或一个馒头。鸡蛋也可以换成清蒸鱼、清炒豆腐，或者卤牛肉。"211"饮食法足够灵活，可以根据个人的喜好及方便程度任意搭配组合。

在外面用餐或吃外卖时，也可以根据"211"饮食法自主调整。单点菜品时，我们可以直接按照"211"饮食法来选择。如果你点了一份牛肉面，可以只吃一半的面，另外请师傅多放点蔬菜，或者单点一份蔬菜，再加一个煎鸡蛋，营养就均衡许多。如果吃素食沙拉，可以配一片面包，再多点一份虾或者牛肉，或者搭配一杯牛奶。

只要记住2份蔬菜、1份蛋白质和1份主食，我们就可以基于具体情况，主动调整，实现在外就餐也能吃得健康。

同时，"211"饮食法还能帮助我们在保障基本营养、避免能量过剩的基础上，维持健康的体重。如果是体重偏高的同学，践行一段时间后，会逐步恢复到合理体重。

正餐之外，我们还要注意多喝水，保证一天至少2000mL的饮水量。三餐尽量规律，如果两餐间隔的时间很长，可以吃一个苹果或一小把杏仁来补充能量，避免过度饥饿导致暴饮暴食，伤胃又伤身。

此外，吃好吃的本来就能给我们带来愉快的体验，不用过度纠结于忍不住吃了一根冰激凌或者一顿火锅，只要在一周的维度里平衡好饮食的总体摄入就可以。例如，昨天吃了火锅很油腻，今天就尽量清淡饮食；周末吃了一个冰激凌，接下来一周就尽量不碰冷饮和甜食。

普通人只要践行"211"饮食法，规律饮食，保持良好作息，就不用担心营养不足或者肥胖的问题。

从今天开始，吃饭的时候，努力向"211"靠近吧。

💡 运动好：充分激发身体活力

也许你已经注意到，在时间管理三分法中，睡眠和饮食被归入了基础时间，而运动则被放在蓄能时间的板块。这是因为睡眠和饮食是最基础的刚需,在保证了睡眠充足和饮食营养后,我们才达到了运动的基准线。

也就是说,在睡不饱、吃不好的情况下,运动是有风险的,这时一定要优先吃好睡好。等精神养足了,再加上运动,我们就能立刻感觉到自己的精力变得更加充沛,头脑也更加清爽了。

近几年自媒体上很流行晒各种运动成果,让我们感觉追求人鱼线、八块腹肌、打卡半马甚至全马才是运动。实际上,普通人只想通过运动保持身体健康,维持体力,没有很强的社交展示需求的话,并不需要追求这些高标准。

世卫组织给18~65岁人士的运动建议是,每周至少150分钟的中等强度有氧运动,相当于每天半小时,每周5天。如果能达到每天1小时,每周5天,每周累积300分钟则更好。

有氧运动能够帮助我们提高心肺功能,提高大脑的血供和氧供。具体的运动类型包括慢跑、游泳、跳操、踩椭圆机、骑自行车等,可以根据个人喜好和便捷程度来选择。

运动过程中,需要注意通过观测心率来保持合适的运动强度。用220减去年龄,就是我们能承受的最大心率,一般运动过程中保持在60%~70%的最大心率即可。

例如,一个30岁的人,最大心率是190次/分钟,运动中心率保持在190的60%~70%,也就是114~133次/分钟,就能达到心肺锻炼的效果。

前文提到的用来监测睡眠状态的智能手环或手表,同时也具备心率监测的功能。运动时可以多加观测,太低达不到提升心肺能力的效果,太高则有过度运动的危险。

我们在设置运动目标时,可以设置为一周4~5次,每次30~45分钟的各种类型的有氧运动。

除了有氧运动之外，阻力运动比如器械健身，能够增强肌肉力量；柔韧性运动比如瑜伽、太极，可以锻炼身体的柔韧性和平衡性，都是非常好的运动选项。

在设置运动计划时，人们普遍苦于无法长期坚持。实际上，比起单独坚持某项运动，我们更应该关注每周累计的运动次数和时间总量，这些完全可以通过搭配不同的运动项目来实现。

比如，平时可以在家里跳操、楼下跑步，时间充沛时去健身房做器械，周末可以去附近爬山，呼吸一些新鲜空气，偶尔也可以去试试拳击、攀岩等平时接触不到的运动项目。这样不仅能满足基础运动量，还能让运动本身充满趣味性，更容易养成长期锻炼的习惯。

此外，我们还可以借助碎片化时间进行运动。提前想一些1分钟、3分钟、5分钟、10分钟就能完成的运动类型，比如10个深蹲、一组全身拉伸、楼梯间爬楼梯等，在工作和生活忙碌的间隙抓住机会动起来。

居家办公，或者在办公室条件允许时，还可以使用走步机，一边走路一边工作。累了就坐下办公，休息一阵再站着或使用走步机。坐、走、行，三者交替进行。我用这样的方式，一个月能多走六七十公里，有效增加了自己的运动量。

掌握了灵活设置运动计划的方法，我们就可以见缝插针地安排各种运动。不需要一上来就高标准严要求，我坚信动起来比不动好，出汗比不出汗好。只要我们能低门槛启动，开始动起来了，就能越来越体会到运动带来的好处，愿意长期坚持了。

4.3

情绪：情绪管理四步法

💡 情绪管理的目的是降低情绪波动

前面我们介绍了很多时间管理、效率提升、精力管理的具体工具和方法，但这背后隐藏了一个前提假设，即我们处在理性的思考状态中。

而大家在现实中实操落地的时候，很有可能情绪一上来就什么都不想做了。

用软件记录时间，还要搭配"疯狂的闹钟"——"好麻烦啊，我不想做"；

每天睡前花3分钟写日复盘——"我觉得这一天的工作都没什么意义，没什么好写的"；

运用"50+10"工作法，工作间隙运动一下——"工作累死了，要是有休息时间，我只想趴在桌上玩手机"。

……

很多时候，我们心里都很清楚这些工具和方法真的有用，但因为受到内在情绪的干扰，就是用不起来。

一个人每天大脑中会有成千上万个念头闪现，而这当中绝大多数又都是负面的。有时是对自己不满意，觉得自己不够自信，不够优秀，缺钱缺爱；有时是抱怨自己的境遇，家境一般，领导蛮横，运气不好……只要一个负面念头被捕捉,就会发展成负面情绪,导致自控力减弱,那我们即使有再好的工具方法,也都用不上了。

有趣的是,很多人误以为受控于负面情绪,是自己才会遇到的经历。他们认为那些看起来优秀能干的人,都能时刻保持情绪稳定。但真相是,不管我们是否觉察到,我们时刻都处在情绪中。无论能力高低、财富多少,任何人在一天的24小时中,都一定会遇到大大小小的情绪问题。我们所看到的理性或感性的处事方式,都是在经历了情绪之后做出的选择。

当下好像有一种普遍认知,认为做好情绪管理就是解决、消除或者避免负面情绪。当然,趋利避害确实是人的本性,但情绪管理就是要避免负面情绪吗?或者说,负面情绪就一定是负面的吗?

让我们一起来看一幅情绪曲线图,图4-1中有一个坐标轴,横轴代表时间,纵轴代表情绪状态,上方是积极情绪,下方是消极情绪。常见的积极情绪包括愉悦、满足、平和,消极情绪包括低落、焦虑和愤怒。

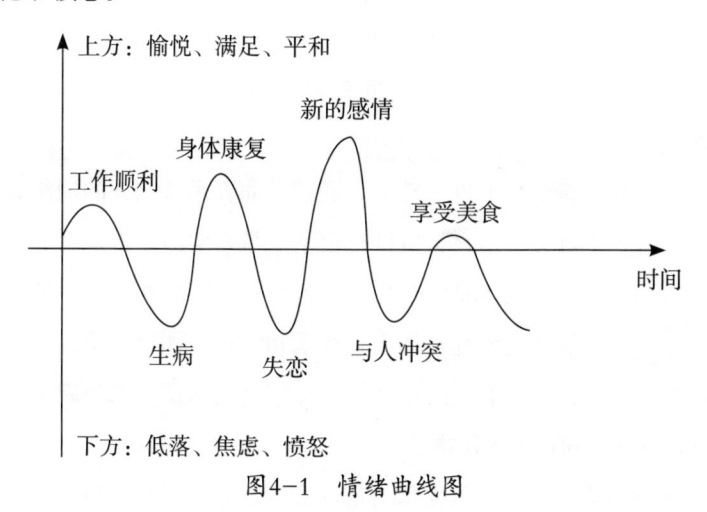

图4-1 情绪曲线图

从这张图中，我们可以看出，人的情绪是在不断变化的。

工作顺利时，我们的情绪比较积极正面。

生病的时候情绪往往是非常低落的，会不由自主地想为什么是我，内心充满了怨愤。

身体康复，我们重新感受到了生活的美好。

失恋，又一下让我们荡到情绪的谷底。

随着新恋情的到来，我们又逐渐变得愉悦和满足。

与人冲突，会让我们心情低落。

享受美食，让我们内心感到十分喜悦。

……

我们每时每刻都处在情绪中，并且无论当下的情绪有多么剧烈，是非常高兴还是极度沮丧，过不了多久，都会发生变化，逐步向中间回落。

这里我们要引入一个统计学概念，均值回归。从统计学上看，事件发生的概率都是围绕一个均值来回波动的，这就是均值回归的理念。人的情绪同样符合均值回归的理论，也就是情绪会围绕一个均值来回波动，兴奋之后会回落到平静，焦虑之后也会回升到平静。

了解到情绪变化的这一特征，我们首先要承认，人的情绪有起有落，有快乐就会有沮丧，所以负面情绪是真实的，也是必然存在的。然而，负面情绪本身的积极意义也值得被看见和肯定。负面情绪的存在，更能让我们真正体会到快乐和幸福。如果一个人一直都只有积极情绪，而没有经历过任何负面情绪的困扰，那他就无法理解真正的幸福和快乐为何物。

作家和菜头曾说，负面情绪是真实的，它们正是你想有所行动的必然代价。是的，回想自己的人生经历就会发现，任何时候当我们试图做出一些改变、负起责任或者追求自由的时候，我们都会产生大量的负面情绪，包括对不确定性的恐惧、对自己能力的怀疑、对未知结果的焦虑。相信只要你为某件事努力过，就能够深刻理解这种负面情绪的来源，这是任何想把事做成的人都无法避免的。

很多心情很差、负面情绪爆棚的时刻，只要我们熬过去了，就会发现那是我们飞速成长的阶段，比如紧张的高三阶段、重要的项目交付前期。所以不要轻信那些总是劝你要积极、阳光、正能量的人，任何人想要真正感受和获得积极向上的力量，都需要经历负面情绪。

情绪管理的目的，不是消灭负面情绪，而是尽可能地降低我们的情绪波动，如图4-2所示。从情绪非常容易波动，经常大喜大悲，逐步成长为情绪比较稳定，拥有一颗平常心。负面情绪并没有被消除，而是被及时发现、理解和接纳了。

我们并不需要屏蔽或者憎恶自己的负面情绪，我们可以拥抱并引领它。

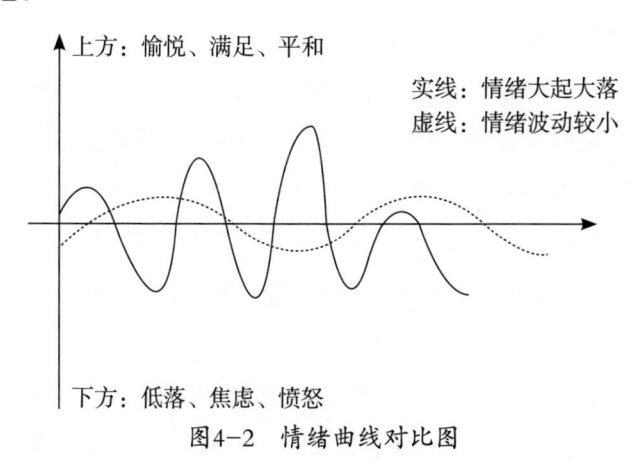

图4-2 情绪曲线对比图

字节跳动的创始人张一鸣有一句话非常精准地描述了这种状态，他说：专注且高效的最好状态，是在轻度喜悦和轻度沮丧之间，不太激动，也不太郁闷，并且睡眠充足。

💡 情感神经科学：情绪是如何运作的

为负面情绪正名后，我们仍然需要想办法应对负面情绪对工作生活带来的消极影响，这就需要了解情绪是如何运作的。

在科技发展的助推下，心理学产生了一个全新的领域——情感神经科学。科学家通过对大脑的准确观察和实验，推翻了许多传统的情绪理论。例如，思维并不能单纯地区分为"理性"和"非理性"；"三位一体"的爬行脑、哺乳脑和人脑的模型虽然很生动，但由于极度简化而丧失了准确性。

最新的情感神经科学研究告诉我们，人类在做理性思考时并不能脱离情绪，也不应该脱离情绪，换句话说，情绪对我们做决策起着非常重要的作用。

在人类的进化过程中，情绪系统的诞生是为了应对更加复杂的环境挑战，在此之前，高等生物包括人类，主要依靠反射行为来触发行动。人类的膝跳反射就是典型的反射行为，只要医生拿着锤子，在你的膝盖肌腱处于放松状态时轻轻敲打，你就会产生膝跳反射。反射行为像是一套固定的行动模式，只要遇到特定的诱因，就会触发特定的行为，这个过程根本不需要思考，简单的比如呼吸、走路，复杂一点的比如开车走熟悉的路线回家，或者边吃东西边思考问题。

但当我们生活的环境和需要做出的反应变得日益复杂时，这种设计好了脚本程序的反应就不够用了，所以大脑进一步进化出了情绪系统，让人类在刺激和反应之间增加了感知情绪的环节，帮助我们做出质量更高的决策。

比如，快到饭点的时候，你身体里的能量已消耗殆尽，急需补充新的营养。这时你看到桌上有一袋面包，如果只有反射反应，那你会毫不犹豫地拿起来吃下去。但在情绪系统的作用下，我们的第一反应并不是直接吃，而是会先感受到饥饿的情绪，正是这种情绪促使你想要吃面包。这时，情绪其实延迟了我们对触发情绪的事件做出反应，为理性思考提供了信息依据和调整行动的空间，让你可以想一想，是要现在吃营养单一的面包，还是稍等半小时，去吃一顿营养均衡，还搭配了你最喜欢的健康酸奶的丰盛午餐。

情感神经科学认为情绪是一种天赋，能够辅助我们在大多数情况下做出更好的决定。回想自己工作和生活里的场景，当我们焦虑时，我们的思考容易倾向于悲观。这是因为比起安全愉悦的环境，此时的不安全环境会让大脑倾向于预想出极其严重的后果。这就是情绪感知在为决策提供依据，实际上这是一种很明智的做法，能让我们预感到危险，并做出应对。

只是和我们的祖先相比，现代人生活中很少遇到真正的危险，所以我们在面临焦虑和恐惧时，容易反应过度。这就能解释，为什么"上台演讲"超越了"死亡"，成为很多人眼中"世界上最恐怖的事情"。因为在远古时代，被一群生物盯着的状况，对面要么是一群猛兽，要么是敌对部落，都是危及生命的场景。今天我们登上讲台，看到观众的眼睛齐刷刷地盯着自己时，感受到的恐惧和焦虑就是来自基因中携带的与死亡威胁相关的记忆。

了解了情绪系统的价值和运作方式，我们在做情绪管理时，就应该避免"彻底消灭负面情绪"的想法，学习主动调节自己的情绪。

💡 情绪管理四步法：觉知、接纳、分析、处理

既然人人都有正面和负面的情绪，那为什么有些人能保持情绪稳定，而有些人备受情绪的困扰呢？

这当中的区别就在于，普通人害怕负面情绪带来的影响，所以会极力抵抗、否认，比较常见的就是通过持续刷手机等行为转移注意力，来逃避负面情绪。但这种无所事事、虚度时光的感觉，又会引发更多的负面情绪，导致自己一直处在情绪的旋涡中，并没能解决问题。

而高手不惧怕负面情绪，了解负面情绪必然发生。在感受不好的时候，并不着急对抗、自责，而是会先觉知情绪，辨别当下的感受，然后接纳和允许自己此刻的所有情绪。等心情稍微平复后，再回溯情绪的来源，看看引发负面情绪的问题出在哪里，该如何应对。

这个方法背后的理论依据是心理学中的正念疗法，即有意识有目的地觉察，专注于当下的情况。在觉察和专注当下的过程中不做价值判断，不去分辨好坏和对错。在这种状态下，我们能以一颗平静的心，觉察到自己情绪状态的流动，做到追本溯源，找到情绪生发的源头解决问题，而非一直停留在自己的感受里。

当我们精准地了解情绪发生的当下我们在想什么，内心此刻想要什么，以及为什么会有这样的想法时，就有机会积极引导自己接下来的行动，以及改变下次遇见此类事情时自己的反应。

具体落地可以使用情绪管理四步法，即先觉知情绪，知道自

己当前处于情绪状态当中，并且接纳这种状态。然后对情绪进行分析，再进一步地处理解决。

第一步，觉知。觉知就是觉察到自己有情绪了，然后尝试从客观的外部视角跟自己的情绪保持一定的距离，来观察自己当下的情绪状态。我们可以想象自己的意识从身体里抽离出来，漂浮在头顶上空，用上帝视角来观察自己，并亲切温柔地询问自己：你现在是不是很不开心，是不是被难以名状的负面情绪包围了呢？

觉知到具体的情绪后，第二步要对情绪进行接纳。通过情感神经科学，我们已经知道情绪是先于理性产生的，所以此刻的情绪已然诞生，无论好坏都无法当作其不存在。这就更需要我们带着一颗不评判的心，不走神、不评价，全然接纳当前的情绪状态。

允许情绪发生，找回相对安定的状态后，我们要做的第三件事就是分析此次情绪的来龙去脉。首先要判断自己当下处在何种情绪当中，用精准的描述给情绪下定义、贴标签，比如痛苦、焦虑、郁闷、嫉妒、不满、怨恨、烦躁、生气、内疚，而不要笼统地说"我很不爽"。

对于情绪体验，我们区分得越细，定义得越精准，后续的情绪处理就越容易。平时可以多积累一些与情绪有关的词汇，提升我们对情绪感知和表达的敏感度。这里也给大家准备了一些常见词汇，可以作为参考。

高兴、开心、愉快、快乐、欢欣、欢喜、恼怒、气愤、生气、盛怒、负气、发怒、不悦、大怒、震怒、悲痛、悲伤、哀痛、哀伤、悲恸、伤心、悲哀、哀伤、沉痛、痛苦、难受、忧伤、难过、痛心、不快、忧愁、哀愁、忧闷、忧郁、忧虑、忧伤、惧怕、害怕、恐慌、惊恐、恐惧、胆寒……

确定了自己的情绪感受，接下来我们就要一一分析：

这种情绪一开始是怎么被触发的，是因为什么人、什么事？

给我造成了怎样的身体感受和反应？

可能会引发什么冲动？导致什么行为？

从短期来看对我有帮助吗？

从长期来看对我又有什么影响呢？

分析之后，就可以进入第四步处理情绪了。处理并不等于解决，需要先判断当前的情绪自己是否有办法消解。如果有就从源头上解决，如果没有就只能选择接纳，并与这种情绪共存。

我们借用一个经常发生的真实生活场景，来进一步理解情绪管理四步法的运用。生活中，几乎每个人都有过这样的经历，太想把事情做好，反而导致压力过大，引发持续的焦虑、拖延。眼看着截止时间越来越近，又紧张又懊恼，却无法从行动瘫痪中挣脱出来。

比如，时间已经到了21点，明天一大早就要上台汇报的PPT还没有做完，自己却控制不住地一直刷手机，内心焦灼但就是无法行动。遇到这种情况，如何使用情绪管理四步法来处理呢？

第一步，觉知。此刻我感受到内心涌动着许多情绪，大多是负面的，我正处在一种强烈的负面情绪中，我需要进行觉察，并尝试干预。

第二步，接纳。我现在的感受很糟糕，但这些情绪已经发生了，我要先全然接纳，有情绪是一件很正常的事，负面情绪意味着我想要有所行动。

第三步，分析。我感觉到自己现在处在焦虑、自责和懊恼中，触发这些情绪的原因是，我太想把这次的汇报做好，给了自己很大的压力，导致自己反而不敢行动，怕做出的结果不满意。我还感觉到自己非常紧张，甚至因为截止日期的逼近而心跳加速。这种持续加重的精神压力迫使我想要转移注意力，通过刷短视频获得短暂的快感和精神麻痹。从短期来看，这个行为相当不理性，会让我搞砸这次汇报。从长期来看，糟糕的情绪体验和结果，会导致我越来越害怕新的挑战。

分析完毕，进入第四步，处理。距离汇报还有时间，糟糕的结果还没发生，意味着此刻还有机会通过改变行动来争取理想的结果。虽然自己在调整心态上花费了一些时间，但此刻距离明天汇报还有12小时，如果12点睡觉，再提前1小时起床，就能留出4小时，做完PPT足够了。而且，此前因为追求完美，看了很多资料，现在只需要集中精力将资料全部梳理、整合再输出出来就行。先完成再完美，做好之后如果还有时间，再优化也来得及。我要平复心情，马上行动起来。

这样我们就运用情绪管理四步法，成功地完成了一次负面情绪的觉知、接纳、分析和处理，并且把自己引导向了积极行动。

要想熟练地运用情绪管理四步法，需要持续地练习。在一开始尝试使用时，为了更清晰地观察和引导自己的感受和想法，我们可以将四个步骤的梳理过程用笔写在纸上。值得一提的是，书写本身也能帮助我们放松心情，缓解压力。

好消息是，觉知会随着刻意练习的次数增多而越来越提前。一开始我们会在情绪涌起甚至行动已经发生之后，才觉察到我们的情绪。但慢慢地，我们在情绪发生的当下就能够立刻觉察。进一步，一些情绪管理的高手，会通过提升认知，从根源上解决情绪问题——决心不再因为某事而引发自己的负面情绪。

随着练习的深入，能够引发我们负面情绪的事情会越来越少，我们能够感受内心安宁和喜悦的时刻却越来越多，这就是情绪管理的价值和意义。

美国的哲学家尼布尔说过一段话：愿上帝赐我平静，去忍受我必须忍受的事；愿上帝赐我勇气，去改变我可以改变的事；愿上帝赐我智慧，让我分辨两者之间的不同。

我们运用情绪管理四步法，对情绪进行觉察、接纳、分析和处理的过程，就是我们增长勇气和智慧的过程，也是每个成年人情绪稳定的必修课。

4.4

心态：优化心智模式

💡 心智模式才是情绪产生的根本原因

情绪管理是从情绪发生之后的处理方式入手，来应对负面情绪。那能不能从根源上出发，直接避免负面情绪的产生呢？当然可以。

上一节我们提到，通过不断地练习，我们也许能在情绪发生之前进行预防。这里提升的其实不止是情绪管理的能力，而是前置一步，提升了我们对事物的认知能力，优化了心智模式。这样即便同样的事情再次发生，也不会再激发我们的负面情绪了。

可以说，从根源上预防负面情绪发生，就是在我们有了一定情绪管理能力后，进一步优化心智模式，从根源上解决负面情绪对我们的影响和消耗。

心理学界有一个非常著名的情绪ABC理论，ABC分别指：

A：发生的事情或者引发我们情绪的人。

B：心智模式，也就是我们如何看待这个人和这个事。

C：我们由此而产生的情绪。

很多时候，我们以为是事情或者人直接引发了我们的情绪，而情绪ABC理论告诉我们，实际上是心智模式，也就是我们对于这件事的反应，引发了我们的情绪。这就能解释，为什么同一件事，不同人遇到了会产生截然不同的反应。

比如，同一个领导的两个下属甲和乙，在受到同样的批评时，甲的心智模式是"领导心眼小，就会挑我刺"，所以他感觉到的情绪是生气委屈。而乙的心智模式是"老板这么忙，还关心我的成长"，所以他的情绪是有点忐忑，又有点兴奋。

完全一样的人和事，经过了不同心智模式的处理，就产生了完全不同的情绪，所以心智模式才是影响情绪的根本原因。

心智模式这个概念比较抽象，我们可以借助案例深入理解。心智模式指的是对于同一件事，不同人有不同的反应。例如有的人比较乐观，有的人比较悲观；有的人喜欢从外部找原因，有的人善于从自身找原因；有的人比较关注问题，有的人更关注解决方案。这些习惯性的想法就是心智模式，也是我们组织和加工世界的方式。

心智模式很像墨镜，每个人都有独特款式的墨镜，这个墨镜是什么颜色的，我们透过墨镜看到的这个世界就是什么颜色的。即便事实并非如此，我们内心也会十分笃定，自己看到的就是事实。

古希腊哲学家爱比克泰德就有一句话，描述了心智模式对我们的影响。他说：人不是被事物本身困扰，而是被他们关于事物的意见所困扰。

所以想要从根源上减少过度的负面情绪，关键是要优化自己的心智模式。

避开三种错误的心智模式

在《我的情绪为何总被他人左右》这本书中，作者提出了我们生活中典型的四种不良情绪，分别为过分烦躁、过分生气、过分抑郁和过分内疚。而导致这四种过度不良情绪的，主要有三种错误的思维方式。也就是我们在优化自己的心智模式时，需要特别注意的，分别是恐怖化、应该化和合理化。

第一种，恐怖化思维。其特征就是把事情想象得特别严重，过分担心、神经紧张。这种错误思维会导致我们特别在乎别人怎么看待自己，或者过分担忧失败和不完美。

比如，每个人都经历过被"Deadline"狂追猛赶的时刻，内心感觉这次一定完蛋了，然后陷入一种极度恐惧和担忧的状态中。但往往最后都能有惊无险地度过，我们在过程中感受到的"要死了"的情绪体验，完全是恐怖化的错误思维模式对我们产生的影响，不是真正的事实。

第二种，应该思维。这种思维的特征是，总在强调我应该这么做，我必须怎么怎么样。这就会导致我们觉得人和事都应该朝着自己要的方向发展，无法忍受在重要的任务中失败。认为每个问题都有完美的解决方案，自己必须找到。如果发生了糟糕的情况，一定要追究某个人的责任，还会倾向于认为坏人坏事不应该存在。

应该思维还会给除了自己以外的其他人带来极大的压力，比如中国的孩子们都很熟悉的那句"你看看别人家的孩子"，就是典型的应该思维。这句话真的是很多人的童年噩梦，甚至到了想一想都窒息的地步。应该思维是一种非常自私又痛苦的思考方式，妄想世界上所有的事情都按照自己理想的来，不光为难自己还为难别人。

第三种，合理化思维。有这种思维习惯的人，口头禅是："那又怎么样呢？没办法，我就是这个样子啊！"有这种思维的人认为逃避困难和责任比正视问题要容易得多，会误以为如果自己事事不投入，若即若离，就能避免失败。还总会习惯性地拿过去的经历作为借口："因为我过去、小时候、最近发生的事情，造成了我现在的样子。"

这么看下来，合理化思维很像现在流行的一个观念：摆烂。但是摆烂并不能解决任何问题，它的本质只是对真实世界的逃避。等到清醒的时候，我们就会面对更大的痛苦。

当我们认识了三种错误的思维模式，以及它们会引发的错误信念和行动之后，就可以在工作和生活中注意和预防了。

从心智入手解决拖延困扰

拖延几乎是现代人的通病，几乎每个人都会说自己有拖延症。自诩有拖延症的人会把计划要做的事情无限往后推迟，即便他们知道那会让自己内疚，变得焦虑，任务也完成得更少。

但拖延症并不是一种心理或者精神疾病，而是一种自我调节失败的结果。长期拖延会让人逐渐进入"拖延—焦虑—自责—更拖延"的负面循环，可以说拖延是绝大多数人精神内耗的根源。

既然拖延是自我调节失败的结果，那要解决拖延就得从原因入手。

我梳理出了导致拖延症的七大原因,发现它们都源于错误的心智模式。语言是思考的边界,要转变思维方式,直接又有力的方式就是用积极语言来替代消极语言。例如:

任务复杂,无从下手——万事皆可拆。

信心不足,害怕失败——成功是大收获,失败是小收获。

追求完美,虎头蛇尾——完成比完美重要。

急于求成,轻易放弃——慢慢来,比较快。

抱怨他人,消极等待——行有不得,反求诸己。

心态消极,自暴自弃——我很好,此刻的我就是自在圆满的。

无时间观,没有"Deadline"——最好的时间是现在。

所以解决拖延症没有什么灵丹妙药,核心是在每日行动的过程当中,运用积极认知和积极语言的力量,提升自己面对和跨越困难的勇气。

这里有一个很具体也很简单的方法推荐给你,就是将你认可的话语写在随身携带的本子或者摆放在桌面的卡片上,常看常新,用积极语言的力量持续影响自己。越简单的方法往往越有效,只要你去做了,就能感受到自己的思维在向积极的方向发生神奇的转变。

除了矫正错误认知,我们还可以利用"if-then"的方法,直接绕开错误认知,直达行动。"if-then"就是像电脑程序一样,如果满足条件,就直接执行。例如,想象我们自己是一台手机,拖延就是总出bug的地方。那我们就可以使用"if-then"的程序,让自己不要思考,直接去做。

比如说无法坚持跑步,障碍是醒了之后赖床。运用"if-then"

的模式，可以设计：if早上起来，then下楼跑步，直接绕开障碍。再如无法坚持阅读，障碍是容易沉浸在玩手机里。那我们可以设计认知模式：if意识到自己在玩手机，then去阅读。

"if-then"的方法也叫作执行意图，来自心理学家彼得·M. 戈尔维策，已经帮助上万人逐渐养成了好的习惯。

关于拖延症，还有两个需要大家知道的知识点，一是警惕没有截止日期的拖延。拖延分两种，一种叫作有截止日期的拖延，也就是我们常见的各种"deadline"；另外一种是无截止日期的拖延，比如读书、锻炼。

有截止日期的拖延虽然会给我们很大压力，但最终一般都能完成。没有截止日期的拖延，却会导致我们不断积累负面情绪。一边清醒地意识到时间在流逝，一边又因为自己什么都没有做，而感到无力、焦虑、痛苦、恐惧、有负罪感，甚至陷入持续地自我否定。可以说，无截止日期的拖延比有截止日期的拖延对我们的伤害要大得多。应对方案就是将自己的个人计划也设置明确的截止时间，比如读书计划改成"本周阅读一本书"，这样清晰的时间节点更有助于推动我们行动起来。

二是要学会利用积极拖延。拖延本身并不都是错的，积极拖延就是在无法确定事情是否值得做的时候，采取先搁置的方式。过一阵儿，可能就发现事情不必要做，从而节约了时间和精力。

比如，在书店看到新书上市，可以先记录下来，过一阵儿去豆瓣网查一查大家的书评，如果评分很差的话，我们就幸运地逃过一劫。这个方法同样适用于新电影、新节目、购买新产品、看各类新闻事件等。

拖延症给我们的工作和生活带来了很大的困扰，解决拖延症的关键,是跳出思维陷阱,重新认识拖延症,运用积极语言的力量以及"if-then"的方法,重塑心智,从根源上摆脱拖延症带来的内耗。

无论是情绪管理四步法,还是对心智模式的纠偏,都不约而同地指向了同一个方向:舍弃。舍弃对生活的过度控制,对"完美自我"和"完美世界"的幻想和执念。接纳人生一定会面临困难、经历痛苦的事实,接纳自己的不完美,也接纳他人和世界的不完美。

等我们能做到彻底接纳一切事实,并做出合理反应和明智决策的时候,我们也就拥有了成熟的心智模式,拥有了一颗真正的平常心。

本章小结 身心健康、精力充沛地过好每一天

我们生活在快节奏的现代社会,却仍使用着有一万余年历史的身体,只有运用关注系统、量身定制、删繁就简的原则,给自己制订一套精力管理系统,才能有充沛的精力应对来自工作和生活的挑战。

保持身体健康,我们需要睡好吃好运动好。睡好的重点是要先通过一周左右的监测,了解自己的睡眠习惯和睡眠周期,再在之后尽量安排规律作息和规律的时长。饮食方面,每餐的搭配尽量向"211"饮食法靠近,两拳大小的蔬菜,一拳大小的蛋白质和一拳大小的主食。这样的饮食既能保证营养充足,又不会造成能量过剩,可以很温和地调节你的体重和身体状态。运动方面,一周4~5次,每次30~45分钟,在最大心率

60%~70%的状态下做有氧运动，就能帮助我们锻炼心肺功能，提升身体素质。

保持心理健康，我们要学会调节情绪，优化心智模式。三脑理论表明，情绪先于理性，只能先接纳后处理。在这个大前提下，我们可以从两个方向入手做好情绪和心态管理。第一，做善后，运用情绪管理四步法，接纳并合理处理已经发生的情绪。第二，做预防，识别错误的心智模式，并通过积极语言的力量和执行意图来逐步改变。

落地作业　用情绪管理四步法处理一次负面情绪

请你回忆自己最近的一次过度负面情绪，分析是陷入了哪种思维误区，并运用情绪管理四步法进行分析，写出处理方式。

（1）事件简述：

（2）思维误区：

（3）处理方式：

①觉知：

②接纳：

③分析：

④处理：

> **加餐小锦囊** 建立自己的积极情绪锦囊

做好情绪管理,除了运用情绪管理四步法持续练习,我们还可以做一件事,就是建立自己的积极情绪锦囊。积累一些自己只要做了,就能快速缓解负面情绪,引发积极情绪的事项,帮助我们尽快走出负面情绪的状态。

在这里给大家列举一些常见的能提升积极情绪的事,大家可以挑选一些喜欢又方便执行的,放入自己的积极情绪锦囊。

(1)置身于明亮的环境里。比如晒太阳,打开屋子里所有的灯,充足的光照已被证明可有效缓解抑郁情绪。

(2)已经有心理学实验证明,身体的动作也能改变情绪。我们可以尝试对着镜子微笑、喝一杯暖饮、吃喜欢的水果、洗个热水澡、加一件厚衣服、小睡一下、做10分钟运动、收拾下屋子等。

(3)欣赏能让自己愉悦和平静的书籍、影视作品、音乐等。

(4)走到更开阔的空间,例如,室外的绿地。

(5)准备一笔情绪专用购物金,郁闷的时候用"买买买"来释放压力。

(6)状态不好的时候复盘,只写自己做得好的部分,不写需改进的部分。

(7)找支持自己的家人或朋友聊一聊。

(8)看一部悲伤的电影,跟随电影情节抒发情绪。

(9)把自己的所思所想写下来,通过写作疗愈内心。

第5章

目标管理
如何做到知行合一

CHAPTER 5

5.1

目标管理神器个人OKR

💡 找到不确定时代的局部确定性

这是一个不确定性越来越强的时代。各种足以改变人类社会历史走向的大事件频发。无论是放眼世界，还是聚焦国内，都能发现多元文化在各处激烈碰撞，很多被视为习俗的观念已悄然改变，新生事物如雨后春笋般让人应接不暇。

宝洁公司的首席运营官罗伯特·麦克唐纳，借用了一个军事术语来描述新的商业世界格局："这是一个VUCA的世界。"VUCA由四个英文单词组成，分别是volatility（易变性），uncertainty（不确定性），complexity（复杂性），ambiguity（模糊性）。

今天VUCA的特征，已经从商业蔓延到人类活动的各个板块。一切都充满不确定性，唯一可以确定的是，我们从未像今天这样确实地感受到，未来是不可预测的，以及个人力量在时代的洪流面前是如此微弱、渺小。

对于不确定性的影响，查理·芒格说：宏观是我们必须接受的，微观才是我们可以有所作为的。刘擎教授也写了一篇文章，题目是《在失序的世界中，如何建立"局部秩序"》。

面对不确定性，智者们已经为我们指出了一条确定的道路：接受不可控的外部环境，通过自我管理，实现个人生活的局部确定性。

明天会不会突然不能出门上班,我不知道。但我可以通过自我管理,确保无论是前往公司工作,还是在家工作,我都能清楚当日的工作目标,并保证高质量完成。

未来一年世界会变成什么样,我不知道。但我可以通过自我管理,为自己设定专业能力提升的学习计划,并通过参与一个个工作上或者业余的项目,获得实实在在的成果和进步。

生活在这样一个充满不确定性的世界上,比起追求答案的正确,更重要的是问出正确的问题,"我该做些什么来改善我的生活?"就比"世界真的会更好吗?"这样的问题要有用得多。

💡 个人生活是一套复杂系统

当我们内心真正接纳了时代的不确定性,转而专注于打造自己的个人生活时,可能会惊讶地发现,现代人的个人生活是如此复杂,职业发展、伴侣选择、保持健康、能力提升、买房买车、理财投资、孩子教育、亲子关系……

科技进步了,物质丰富了,信息发达了,而一个成年人需要处理的事务不但没有减少,反而成倍地增加了。

刘润老师有一堂课程,标题就是"人人都是自己的CEO"。如今,越来越多的人能够直观地感受到,自己就是自己的"无限责任公司"的CEO,需要承担经营人生的全部风险,同时享受所有的回报。

这个CEO嘛,资源不多,事情不少,所以我们急需一套方式方法,来统筹和实现各个阶段的人生规划,于是目标管理出现了。

目标管理的能力,就是带我们梳理出当前生活的主要目标,并引领我们一步步解决问题,实现目标,取得结果的能力。也是在充满不确定性的大环境下，构建个人生活局部秩序的关键能力。

可以用来做个人目标管理的工具很多，比如常见的愿望清单、人生九宫格等。我个人做了10年的目标管理，在这个过程当中也经历了对目标认知从1.0~4.0的升级。

2012、2013年我刚开始做目标管理的时候，使用的是1.0版本的愿望清单，就是年初在纸上罗列自己想要做的事，年底再进行一下年度复盘。这时候目标的达成结果并不理想，因为过程中目标管理是缺失的，如果动作没到位，到了年底再复盘就来不及了。这样的目标管理方式，很符合绩效管理中一个形象的比喻：一翻两瞪眼，死后再验尸。

到了2014年，我开始意识到，有些目标是需要努力达成的，有些目标只要花钱就可以了。不同的目标，投入的时间和精力也完全不同，不能混为一谈。从这时开始，我有意识地将目标分成了两类，需要努力才能完成的目标和只需要花钱就能完成的目标。

从2015年开始，随着目标越来越多，我又引入了数据复盘，帮助我更精准地确认目标达成情况。这个时期虽然达成概率提升了，但因为复盘不连贯，日复盘和年度复盘之间缺乏周、月的复盘，所以达成效果还是不够理想。

一直到2020年我遇到了OKR目标管理法，这个目前被公认的商业领域先进的目标管理工具，并且尝试用它来管理自己的个人目标，发现非常好用。自此，我完成了目标4.0的升级，并开始通过培训，积极推广个人OKR的落地应用。

回顾这十余年的目标管理历程，我从大学毕业生，成为企业管理教育公司的内训师，再到自己创业，一路走来，经历过许多次阶段性的迷茫，比如：

　　如何找到自己的动力？

　　如何知道自己想做什么？

　　该做自己喜欢的事，还是该做自己擅长的事？

　　追求精彩的生活，还是享受平淡的生活？

　　……

但目标管理却能够帮助我一次又一次地确认，当前自己做出的选择，就是现阶段自己想做也应该做的事，这种笃定感，帮助我维持了持续努力的斗志。

做目标管理，不是给自己额外增加一项任务，而是运用目标管理，把事业发展、个人生活、休闲爱好等生活中大大小小的事统筹起来，游刃有余地安排个人的发展和生活。把对未来的畅想，对幸福生活的追求，化成一个个具体可行的动作。在达成目标的过程中，成长为我们想要成为的人，活出我们喜欢的人生状态。

简单实用的目标管理工具OKR

OKR是Objectives and Key Results的缩写，翻译成中文就是"目标与关键结果"，是一套设定并跟踪目标达成情况的管理工具、方法和思维模式。

OKR的前身，最早可以追溯到1954年，世界级管理大师彼得·德鲁克在其出版的著作《管理的实践》中，首次提出了"目标管理"概念。他写道："管理者应该把目标的设置、分解、实施，还有完成情况的检查、奖惩作为手段，通过员工的自我管理，来实现企业的经营目的。"

1975年，英特尔前CEO安迪·格鲁夫提出OKR目标管理法，开始在企业内部推广。1999年，谷歌董事约翰·杜尔在谷歌内部宣讲OKR，并逐步影响更多的世界级企业开始使用这一目标管理工具。我们比较熟悉的企业包括国外的谷歌、亚马逊、微软，国内的字节跳动、阿里巴巴、华为等。

随着OKR在企业管理中的普及，在这些企业中工作的一部分个人，也开始将OKR运用到个人目标管理中。前微软资深研究员吴军老师，就在其书籍《见识》中，与读者分享了自己的2017年个人OKR制订及完成情况。前微软战略合作总监刘润老师，也在他的公众号里分享了公司2022年的OKR规划。

OKR的命名是一个英文词汇，难免给人陌生感，让人觉得很难理解和运用。实际上，OKR的本质就是目标O和实现目标的具体手段KR。

目标O解决目标管理的第一个问题：我要做什么？关键结果KR解决目标管理的第二个问题：我如何确定我做到了？使用OKR进行目标管理的过程，就是不断询问自己这两个问题，并持续推进行动落地，最终实现目标，得到结果的过程。

从管理企业目标到管理个人目标，OKR目标管理法本身的底层逻辑没有变化，但具体的应用场景改变了。在这本书中，我们主要讨论OKR在个人目标管理中的运用，简称个人OKR。需要注意的是，企业运用OKR目标管理法时，最小单位一般是季度或者双月。个人OKR则具备更强的灵活性，可以直接以月为单位。

用个人OKR做个人的目标管理，能帮助我们解决目标管理中常见的两个痛点。

一是看不到目标和执行路径之间的关系，不知道每天该做些什么，才能在一个月或者一年后实现自己的目标。

在做目标管理时，很多人因为设定的计划总是无法达成，就渐渐对个人能力产生了质疑。觉得自己欠缺执行力，甚至给自己贴上"拖延症""懒惰""没有上进心"的标签，心理学把这种心理状态叫作"习得性无助"。

但世界知名脑成像专家，"美国大脑健康之父"丹尼尔·亚蒙认为，我们之所以缺乏执行力，是因为看不到自己的大脑。

传统的个人目标管理工具，比如"愿望清单""人生九宫格"等，虽然能帮助我们列出想做的事，但如何将这一个个想法付诸行动，从愿望细化到执行动作，却是比较模糊的。

和这些方法不同，OKR本身有很具体的操作规范和一套简单易懂、人人都可以迅速上手的书写流程，能够完整地呈现我们在设定目标到达成目标的过程中，大脑思考的全部细节。让我们时刻明白自己当下该做什么，才能帮助月度、季度乃至年度目标的达成，极大地提升了执行力。

二是计划常常缺乏灵活性。

所谓计划赶不上变化，目标达成的道路从不是一帆风顺的，我们很有可能花了一个月落地践行，却发现自己当前的资源、精力和能力，短期看都不足以支持目标达成。或者其他外部客观因素突然出现，导致目标实现直接失去可能性。

而OKR具备极强的灵活性，用在企业管理中时，大多以季度或者双月为一个周期。用在个人目标管理时，甚至可以缩小到月目标的管理。这种极强的灵活性和实操性，让我们在提交年度成绩单前，有了至少12次调整的机会。这样我们就不必等到年底，才能验证自己的梦想清单是否能完成，而是在一年当中的每个月，都可以快速践行、快速调整。

对于确实无法实现的目标，我们也能及时止损，重新回顾现阶段的重点。保证个人精力能持续投入在产出比较大、更能提升幸福指数的地方。

5.2

找到目标O和达成路径KR

💡 个人OKR落地的底层逻辑

个人OKR落地的底层逻辑见图5-1，是先设定年度个人OKR，再拆解到季度OKR、月度OKR。并基于月度OKR，进一步细分到周计划、日事项，进行一个整体的倒推制订及拆解。同时匹配上日复盘、周复盘、月复盘、季度复盘和年度复盘，进行正向的执行及追踪。

但因为年度和季度OKR的设定跨度大、不确定性强，适合在初步掌握OKR目标管理法之后再进行尝试。

所以本章主要以月为单位，手把手带你设定月度OKR、周计划和日事项，以及完成日复盘、周复盘和月复盘的闭环追踪。

不同时间跨度的OKR目标管理法，其底层逻辑是相通的。在行有余力的前提下，你也可以尝试自己制订季度目标和年度目标。

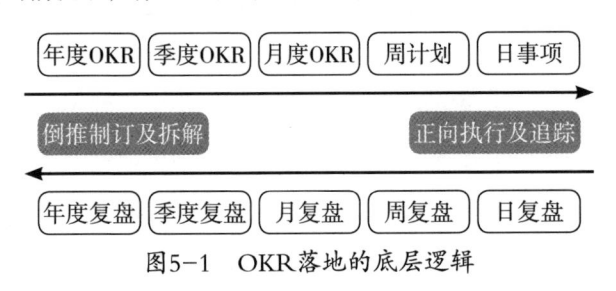

图5-1 OKR落地的底层逻辑

了解了OKR的基础知识后,我们就要正式进入OKR的学习和落地了。

由于个人OKR是制订每个人的OKR,和企业OKR的应用场景不同,也无须团队协同,所以我在原版OKR目标管理法的基础上进行了部分调整,将使用个人OKR实现目标的步骤,分为了四步。

第一步:选择,找出当前阶段最重要的目标。

第二步:制订,设定目标并拆解出对应的行动计划。

第三步:执行,按照计划行动。

第四步:复盘,对比行动结果和预期目标,并做出下一步调整。

这一节,我们先学习第一、二两步,选择和制订目标,也就是找到自己的目标O,并拆解出具体的达成路径KR。

选择适合自己的目标O

先让我们来思考一个问题,个人OKR落地的四个步骤中,选择、制订、执行和复盘,哪一个最重要?

根据过往的经验,很多人的目标无法完成,都是倒在了执行和复盘这两个步骤,所以也许大家会下意识地认为执行计划和落地复盘最重要。但在长期实践的过程中,我发现第一步选择才是最重要的。一旦做出了选择,接下来一个月的主要精力,都将投入到被选择的目标上。如果目标选错了,再努力也无法获得理想成果,可以说是"一着不慎,满盘皆输"。不但浪费时间精力,还会打击我们实现目标的信心。

我将个人目标分成了七类,包括事业目标、家庭目标、财富目标、人际目标、学习目标、健康目标和体验目标。

前六个都很好理解,第七个体验目标,就是指兴趣爱好、娱乐休闲这一类丰富人生体验的事情。你也可以根据自己的理解，创造自己的分类方式。

不同人生阶段，有不同的目标优先级。要想判断选择的目标是否符合当前自己的实际情况，我们可以问自己三个问题：

这个目标是我现阶段最重要的事情吗？

这个目标能给我的工作生活带来实质性的变化吗？

这个目标是我发自内心渴望，想要达成的吗？

如果这三个问题，你的回答都是肯定的，那么恭喜你，你选择的目标一定能够充分激发你的执行力，达成之后也能助你实现工作和生活的真正突破。反之，如果对于其中的一个或者两个，甚至三个都存疑，那说明你选择的目标并不能解决当前阶段的真实问题，需要重新思考。

我有一位学员正处在找工作的阶段，但她选择的三个月度目标，有两个都是学习，还有一个是健康。于是我提出了疑问：眼前最重要的事，难道不是事业目标，也就是找到一份满意的工作吗？她回复说想先学习一些优势分析和工作技能的课程，提升一下自己再找工作。这就是很典型的目标谬误，学习是找到好工作的手段，但绝对不能设置为目标本身。

于是我问了她三个问题：

学习这些课程是你现阶段最重要的事吗？

你确定学习完这些课程之后，你就一定能找到满意的工作吗？

你是发自内心地渴望学习这些课程，还是期望它们给你带来远远超出学习本身的回报？

听完我的问题，她恍然大悟，立即去掉了一个学习目标，并将事业目标"找到一份满意的工作"列在了第一个。

做目标O的选择时，还有两个注意事项和一个建议。

注意事项一：同一时间段专注的目标O不要超过三个

从七大类中选择自己当月的目标O时，可以根据自己当前的工作和生活需要来确定1~3个目标O。比如单身职场人士，可以选择事业目标、学习目标和人际目标；需要兼顾工作和家庭的人士，可以选择事业目标、家庭目标和财富目标；创业者和自由职业者可以选择事业目标、健康目标和人际目标。

这些建议仅供参考，具体执行时，还是要根据自己当前的实际情况，从七大类目标中，选择1~3个当前最想突破的。

目标的数量限定为1~3个，是为了将主要精力聚焦在更少但更重要的事情上，提升目标的达成概率。我们做目标管理的最终目的是达成目标，拿下成果，切忌因为贪心而设定过多目标，导致最终哪个都没有完成。

当然这些都不是绝对的，还是要根据你当前的实际情况，从七大类目标当中，找到你当前最想取得突破的三个目标。

注意事项二：选择目标O之后要进行优先级排序

目标管理的精髓就是将我们有限的时间和注意力，分配给那些真正重要到能改变我们工作和生活的事情上。

所以从七大类目标中，选择了1~3个想要实现的目标O之后，我们还需要再对已经选择的目标O进行排序。从重要的几个目标O中，再次确认最重要的、一定要实现的目标O。

目标O的优先级排序，同样要结合人生现阶段的重点。比如，以拼搏事业为主的人士，目标O的优先级排序可以是事业目标、学习目标和人际目标。如果刚结束一项重要工作，想要喘口气放松一下，那目标O的优先级排序可以设定健康目标、体验目标和学习目标，在修养身心的同时，体验生活，学习提升。

建议：可以把排在第一的目标O设置为月度主题

设计月度主题可以让我们记住这个月最重要的目标是什么，也能在一定程度上，反映出一年当中，我们在不同时间段的重点。

比如每年的1月，刚结束一年的忙碌，又即将迎来春节，很适合沉浸下来，系统地梳理和复盘过去一年的收获，并为新一年的挑战做学习储备。所以1月可以学习目标为主，设定为学习月。过年前后，是人际交往的高峰期，适合拜年、聚会、和很久不见的朋友重新链接起来，所以2月可以设定为人际月。3月伊始，又要开启新一年的奋斗了，3月适合设定为事业月。

工作和生活中的重大事项，也可以使用这个方法命名，比如把结婚的月份设定为家庭月，把重大考试前的2个月设定为学习月。月度主题能将一年12个月进一步地细化和区分开来，让我们能在取舍和兼顾中尽力做到平衡。

人的精力永远是有限的，好目标从聚焦开始。经过认真选择、优先级排序和月度主题的确认后，我们就将本月的注意力锁定在了1~3个目标上。

💡 根据三大原则制订目标O

确定了目标的类别和大致方向后，接下来，我们就要根据目标O的三个制订原则，来制订出具体的目标O了。

原则一：目标O一定要能够激励你自己

很多人会把目标和任务混为一谈，但这两者最大的差别是，目标是你发自内心想达成的，只要看到这个目标，或者想象目标达成，你的内心就会涌起非常强烈的愉悦感。

这就需要我们在书写目标O的时候,也要将其描述成一种能够持续激励自己的理想状态。

例如,假如设定事业目标O为"做好销售工作",就太过平淡,可以改成事业目标O为"拿下公司月度销售冠军",这个画面是不是更加生动更加令人兴奋?这样我们就写出了一个能够激励自我的目标。

再如,家长设置家庭目标O为"陪孩子阅读",听起来就像是在完成任务。换一下描述方式,家庭目标O为"和孩子一起享受阅读的无穷乐趣"。这种描述方法,就能立即把我们代入一幅美好的画面:孩子靠在爸爸妈妈的怀里,一边看书上的插图,一边听娓娓道来的故事。像这样能够激发我们美好想象的,就是一个有激励作用的好目标。

又如锻炼健身,这是个老生常谈的目标了。使用目标O的定制方法,我们可以设定健康目标O为"每天都精力充沛,神采奕奕"。怎么样,这个目标是不是听起来更有吸引力?大家不一定真心热爱汗流浃背的感觉,但每个人都希望自己有饱满的精神来开启一天的生活。

所以,为什么一定要设置一个可以激励自己的目标?因为只有令自己心动的目标,才能够引领我们前进。

原则二:目标O一定要有挑战性

相信你已经发现了,OKR的使用是需要投入精力和时间的,所以不要用OKR来完成一些常规性的事务。而是要尝试利用目标管理的方法,突破自己的舒适区,挑战那些原以为不可能的事情,发展潜能,拓展优势。

比如说事业目标O为"做好销售工作",这只是一个销售人的本职工作。但我们换成事业目标O为"拿下公司的月度销售冠军",就具备一定的挑战性了。

再如事业目标O为"做好项目",可以改成事业目标O"打造公司或行业的标杆项目",这样修改之后,由目标激发的动力和行为方式,也会从一开始就发生根本性改变。

又如很多人想提升写作能力,那我们可以把目标写成事业目标O为"开启自己的个人品牌之路"。难度是增加了,但也更加有趣味性和挑战性,在建立个人影响力这个目标的引领下,提升写作能力的意愿也会得到加强。

所以大家在制订目标O的时候,一定要记住,不用努力就能完成的目标,不是目标,是常规事务。目标O一定要有挑战性,这样即使目标达不成,我们的收获也会远超只设定一个平庸的目标。

中国古语说:"求其上者得其中,求其中者得其下,求其下者无所得。"西方有一句谚语说:"如果你瞄准月亮,即使迷失也是落在星辰之间。"讲的也都是这个道理。

原则三:同一时期的目标O要相互协同

这个原则主要体现了一个宗旨:力往一处使。

个人的时间、精力和金钱资源,本来就是上限很低的,如果再分散在各个毫无关系的目标中,就很难真正地把事做成。

现实中有很多人,明明在事业中遇到了很大的瓶颈,急需提升专业能力,但在学习目标中选择的都是没法应对眼前困难的经典古文书籍。通过长期高品质的阅读来提升自己,和短期内快速学习掌握专业知识,并不是相互矛盾的事,用好原则三,就能把不同的目标O有机地协调统一起来。

比如销售人士在设定事业目标、学习目标和人际目标的时候,就可以围绕"销售"这个关键词展开，让目标跟目标之间的实现能够产生协同。

比如制订事业目标O为"拿下公司的月度销售冠军"。为了达成这个目标，可以匹配学习目标O为"深入学习销售和心理学知识"，再加一个人际目标O为"结识业内的冠军销售和标杆销售"，提醒自己学会向优秀的前辈们取经。

这样梳理下来，学习目标O和人际目标O都能直接给事业目标O提供支持。学习目标O也能帮助我们学习到销售知识，在人际交往时获得更多人的认可和信任。

这样，不同目标之间就不再是平行关系，而是1+1+1>3了。

所以，在使用OKR制订个人目标时，一定要记得，目标和目标之间不是完全独立的，一定要相互协同、相互加持。

好的，我们来总结一下目标O到底应该怎么选择和制订。

首先，选出1~3个目标O并进行重要性排序，然后，制订出目标O的具体内容，原则是要能够激励自己、要有挑战性、目标和目标之间要相互协同。

最后再强调一下，特别注意：在定好最关键的目标O之后，可以再次自问检查：

这个目标是我现阶段最重要的事情吗？

这个目标能给我的工作生活带来实质性的变化吗？

这个目标是我发自内心渴望，想要达成的吗？

目标O的选择可以说是OKR当中最关键的一步，只有找准了真正适应你当下发展的目标O，你后续所做的所有拆分、落地、追踪才会有意义。

设定KR的五个核心原则

确定了目标O，下一步就是为目标匹配相对应的关键结果KR，也就是说，当我们完成一个个关键结果KR时，我们就能验证目标O是否达成了。设定关键结果，也有五个原则可供参考。

原则一：关键结果KR必须符合SMART法则

SMART法则是目标管理中的经典衡量标准，5个字母分别代表具体、可衡量、可实现、相关性和有时限，我们来一一举例说明。

第一个S代表specific，意为具体，指的是描述具体行动以及对应产出。比如关键结果KR"开发客户"，就非常模糊，既不知道具体开发客户的方式，也不知道开发客户的数量、质量标准是什么。正确的KR撰写方式是："转介绍开发8家客户。"意思是通过转介绍这个方式来开发，具体的客户数量是8家，这就描述清楚了具体行动以及对应产出。

第二个M代表measurable，意为可衡量，指的是明确定量或定性指标。比如KR"读书学习"，就缺乏指标，不知道读哪种类型的书，读几本。可以修改为KR"阅读心理学相关书籍5本"，这样就既讲明了书籍的类别，也讲明了具体的阅读数量。

第三个A代表attainable，意为可实现，指的是设定目标要基于实际情况，不能定得太高或太低，太高会打击积极性，太低又缺乏挑战性。比如说一年阅读100本书，对于绝大部分人来讲是不可实现的，也没有那个必要。可以参考自己去年的阅读量，如果去年阅读了20本书，那么今年可以给自己设定阅读30本书的关键结果，这样就同时具备了可实现性和挑战性。

第四个R代表relevant，意为相关性，指的是KR和KR之间要有关联性。在学习目标O下面，设置选3本书和跑5公里两个关键结果就不合适，因为跑5公里应该是衡量健康目标O是否实现的关键结果。这里可以修改为学习目标O下面，KR1为选3本书，KR2为完成这3本书的阅读，这样两个KR就都是围绕学习这件事情来进行的了。

第五个T代表time bound，意为有明确的时间限制。相信大家已经感受到了，OKR是一个自带时间限制的工具。比如月度目标O，那么它自带的时间限制就是本月一定要达成。但同时，目标实现是阶段性的，不能把所有的任务都堆到最后一周再完成。所以与其设定KR"写4篇文章"，更好地凸显时间限制的方式是设定KR"每周六前完成一篇文章"。

撰写目标O匹配的关键结果KR后，一定要再结合SMART原则，一一进行检查，只有真正能支撑目标达成的关键结果，才能指引我们实现目标。

原则二：每个目标O至少对应3~5个KR

参考企业OKR，我们在设定个人OKR时，对于每月能够达成的目标O的数量，和每个目标O对应的KR数量也要遵循一定的数量规范。前面说过一个月的目标O建议在1~3个，对应的KR则建议在3~5个。

KR超过5个，工作量太大，不容易执行；少于3个，则不一定能支持目标O的达成。

比如，设置学习目标O"打开心理学的神奇世界"，如果关键结果KR只写一个，KR"阅读2本心理学的书"，很显然是无法支持目标实现的。在此基础上，我们进一步扩充到三个关键结果KR。KR1"查资料，筛选出一份心理学经典书籍书单"；KR2"从中选择并阅读2~3本心理学书籍"；KR3"每本书输出一篇学习心得，不低于1000字"。对于了解一个新领域的学习目标O，从筛选书单开始，到阅读书籍，再到输出学习心得，形成完整的闭环，这样的三个关键结果KR就更能支持我们的目标O实现了。

原则三：每个KR必须能直接支持目标O的实现

还是刚才的学习目标O案例，学习目标O"打开心理学的神奇世界"，对应的三个关键结果如果设定为：看一部犯罪电影、和几个兴趣组的网友交流、做几个心理测试。设定完检查的时候就会发现，这三个关键结果KR可能有助于我们去了解一些心理学边缘的信息，但跟系统地学习心理学是完全不同的概念。也就是说，这些关键结果KR，即使全部达成，也不能直接支持我们入门心理学的目标实现。修改之后，三个KR由筛选心理学经典书籍、读书和输出学习心得组成。每一个关键结果的达成，都能够支持我们目标O的实现。

原则四：KR也要按照优先级排序

继续用刚才的学习目标O举例，因为入门一个新领域，学习动作本身是存在时间逻辑的。所以KR的顺序是先查资料、筛选书单，再到阅读、输出笔记。所以在撰写KR的时候，也要按照这个事情发生的顺序来排序。按照顺序依次做，才能最终达成目标。

除了按照时间顺序的优先级排序，还可按空间逻辑和事物逻辑来排序。时间顺序，比如按照事情发展时间的前中后排序。空间逻辑，比如按照事情发展的地点排序，北京、上海、广州等。事物逻辑，主要展示的是事物之间的关系，比如说因果逻辑、一般和特殊，等等。大家可以先把所有想到的关键结果都写下来，再选择某一种排序方式进行梳理。

原则五：KR要设置信心指数

学习目标O"打开心理学的神奇世界"，对应了三个关键结果KR。

KR1：查资料，筛选出一份心理学经典书单。这件事非常简单，每个人都能完成。所以我们的信心指数是10。标注信心指数的方法，就是在这个KR的最后，加一个小括号，里面填写10/10。后面的这个10代表满分10分的信心指数，前面这个10代表我们当前的信心指数，也就是完全有信心做好这件事情。

KR2：选择并阅读完2~3本书籍。如果按照预期的时间安排，应该是能完成的，但我们会担心有其他的事情占用阅读时间，或者阅读中发现书籍的难度超出我们本身的阅读能力，导致无法读完。所以我们在这个KR的后方，标注（7/10），意思就是我们有70%的信心来完成这件事。

KR3：每本书输出一篇学习心得，不低于1000字。因为很多人还没有培养出读书之后就要输出的习惯，所以这一点对于大家来讲可能难度更大，是一件很有价值，同时也具备挑战性的事。那么，我们把它写成（5/10），代表有一半的信心来完成。

这样我们就得到了一组完整的OKR。

学习目标O：打开心理学的神奇世界。

KR1：查资料，筛选出一份心理学经典书籍书单。（10/10）

KR2：选择并阅读完2~3本书籍。（7/10）

KR3：每本书输出一篇学习心得，不低于1000字。（5/10）

信心指数的标注，我们一般使用单数数字来完成，比如3、5、7。

3代表难度太大，几乎不可能完成，我们在设定时如果发现有关键结果后面标注3，那就一定要小心，做好无法完成的准备，并且尝试能否用其他的关键结果来替代。5代表我们有一半的信心来完成，具备挑战性，是非常好的关键结果的衡量数值。7代表我们有信心完成，标注为7的关键结果，最后一般都是能够达成的。

信心指数这个衡量标准非常重要，它能够帮助我们预判实现目标的可能性，同时均衡挑战性和落地性，所以大家一定要根据自己当前实际情况,对自己设计的关键结果进行预判,确保做到心中有数。

七类个人OKR运用案例

关键结果的设定,会直接影响我们后续的落地行动。为确保大家进一步领悟KR的设定方式,这里我将结合个人的七大类目标,为大家举7个具体案例,作为参考。

(1)事业目标O:拿下月度销售冠军

KR1:盘点全部客户,筛选出至少10个准客户。(10/10)

KR2:针对每个客户制订跟进计划并落实。(7/10)

KR3:请总监帮忙过客户和拜访至少5个重要客户。(7/10)

我们可以观察到这里使用的逻辑,是事情发展的前中后。先盘点客户,再制订计划,最后过客户和拜访客户。同时,每个KR都讲明了用什么方式做什么事,达成什么结果,比如,筛选10个准客户、为每个客户制订计划、和总监一起拜访5个重要客户等。

请大家结合案例,充分感受SMART原则和关键结果设置的5个原则,在实际落地中的使用方式。

(2)家庭目标O:打造欢乐融洽的家庭氛围

KR1:列出每位家人至少5个优点。(10/10)

KR2:组织一次全家参与的户外活动。(7/10)

KR3:为每位家人准备一个惊喜小礼物。(10/10)

(3)财富目标O:攒钱成为小富婆

KR1:在前三天完成本月的开支规划。(7/10)

KR2:选择一款记账软件,从第一天开始每日记账。(7/10)

KR3:存下本月收入的20%。(5/10)

这里使用的是理财这件事内部的相关逻辑,分别包括:支出规划、记账和储蓄。

（4）人际目标O：拓展人脉圈，开阔视野

KR1：筛选并加入3个高价值社交圈。（7/10）

KR2：在3个圈子里，每周至少"冒泡"2~3次。（7/10）

KR3：至少结交3位新朋友，并与其中一位深聊一次。（5/10）

（5）学习目标O：享受唱歌的乐趣

KR1：报名参加线上一对一声乐学习。（10/10）

KR2：根据老师建议，安排日常练习打卡。（7/10）

KR3：完整唱下来3首歌。（7/10）

因为还没有参加学习，所以具体的打卡次数及时间没有写明。开始学习后，可以重新调整这个关键结果，比如，每周一、三、五早上起床后，练习1小时。

（6）健康目标O：健康瘦身练出小蛮腰

KR1：制订科学的饮食和运动方案，并坚持执行。（10/10）

KR2：加入一个健康瘦身的互助小组、每日称重。（7/10）

KR3：月底体重降5斤。（7/10）

和学习目标O一样，因为具体的方案还没有制订出来，所以在制订方案之后，可以重新调整关键结果。比如，每周做有氧运动3次，每次40分钟。

（7）体验目标O：尽情体验丰富的世界

KR1：约好友周末爬一次山。（10/10）

KR2：追一部新出的电视剧。（10/10）

KR3：学习一道新菜。（7/10）

体验目标O的关键结果，撰写方式比较轻松，可以把所有你想做的，且没有在以上六类目标中出现的事情，都写在这里。

5.3

计划P让目标与现实接轨

💡 计划P：从关键结果到月、周事项

了解了目标O和关键结果KR的制订方式之后，我们还需要将月目标进一步拆解到周、日，精准落地，最后结合复盘追踪纠偏，帮助我们一步步踏实地完成目标。

我们继续用学习目标O"打开心理学的神奇世界"来举例，完成了OKR的制订之后，我们要开始思考，为了实现这几个关键结果，我们需要做哪些事情。

在这里我们使用P，也就是英文单词Plan的首字母来代表计划。

KR1：查资料，筛选出一份心理学经典书单。这个关键结果本身就是一项可以直接进行的计划，所以把它写成P1。

KR2：选择并阅读2~3本心理学书籍。继续往下拆解，可以拆解为P2：每周二、四、五晚上阅读2小时。也就是从阅读时间的维度，对阅读任务进行了进一步拆分。

KR3：每本书输出一篇学习心得，不低于1000字。可以进一步转化成月度计划P3：读完书当周内完成学习心得输出1000字。

这样我们就得到了一份具体到执行计划的目标达成方案：

学习目标O：打开心理学的神奇世界。

KR1：查资料，筛选出一份心理学经典书单。（10/10）

KR2：选择并阅读完2~3本书籍。（7/10）

KR3：每本书输出一篇学习心得，不低于1000字。（5/10）

P1：查资料，筛选出一份心理学经典书单。

P2：每周二、四、五晚上阅读2小时。

P3：读完书当周内完成学习心得输出1000字。

写完月计划之后，还需要进一步将这些月度要做的事情，拆解到四个周。

按照事情完成的先后顺序，我们可以这样安排：

P1即查资料，作为第1周的第1个计划完成；

P2即每周的读书时间安排，均衡地拆分到四个周，因为每周都有这个计划；

P3的心得输出，按照我们的计划，大约每两周读完一本书，所以这项计划分别安排在第2周以及第4周。

为了便于检视，我们可以使用OKR目标管理表格进行统筹。这份表格共有四个格子，左上角为本月OKR，右上角为本月计划P，左下角为本周计划P，右下角为当前的执行状态。如表5-1所示。

表5-1 个人OKR目标管理表示例

本月OKR	本月计划P
学习目标O：打开心理学的神奇世界 KR1：查资料，筛选出一份心理学经典书单（10/10） KR2：选择并阅读完2~3本书籍（7/10） KR3：每本书输出一篇学习心得，不低于1000字（5/10）	P1：查资料，筛选出一份心理学经典书单 P2：每周二、四、五晚上阅读2小时 P3：读完书当周内完成学习心得输出1000字
本周计划P	状态指标
P1：查资料，筛选出一份心理学书单 P2：周二、四、五晚上阅读2小时	良好：计划有序完成 待提升：锻炼比较少，身体疲惫

所谓执行状态，就是对当前自己的身体、情绪、心态、事情进展情况等的综合描述。我们可以简单分为两种，一个是良好，一个是待提升。如果计划都在有序进行，就可以在状态栏标注"良好：计划有序完成"。但同时，忙碌工作时如果健康亮了红灯，也可以标注出来提醒自己注意："待提升：锻炼比较少，身体疲惫。"

了解过企业OKR的朋友，可能发现了我这里四个格子的顺序，在原版的基础上有所调整。这是因为个人OKR的难点在于缺乏团队的监督和推动，个人很容易做着做着就给自己降低标准，或者只关注当前做的事，而没有注意到自己正在做的事是否能促进月度目标的达成。

所以我按照月目标、月计划、本周计划和状态这样的顺序进行四个格子的排序，也是引导大家在设定和拆解的时候，多回到月计划去检查一下，自己有没有把精力和时间投在本月真正最重要的事情上。

💡 日事项ABC：成事的最小单位

我们已经一路从目标O，拆解到关键结果KR，再到月事项和周事项P。那么，到这里就结束了吗？并没有，我们还需要将周计划进一步拆分到每日事项当中。

事项的分类我们采用ABC来代表，将第1周的计划继续往下拆分到星期一要做什么，这时候我们会发现，P1查资料和P2读书这两个计划是由学习这个目标一路拆解下来的，但是星期一当天可能还会有其他比如事业、人际、生活上的各项事务。

也就是说，我们一路从不同目标O中拆解出的具体事项，最后

都会在每日安排中汇合,汇合之后我们再根据当日事项的重要性和时间限制进行排序并执行,例如,周一的日事项如下所示:

A1:联系A公司财务,确认回款情况。(事业)

A2:B项目策划资料收集。(事业)

A3:查资料,筛选出一份心理学经典书单。(学习)

B1:和×沟通社群分享主题。(人际)

B2:整理电脑桌面。(生活)

B3:一定要记得把快递拿回家!(生活)

为便于大家理解,每个事项的结尾,用小括号标注了该事项所属的目标分类。前三项A级事项中,A1确认客户回款,A2项目资料收集都是跟事业相关的。A3查资料,才是我们从之前的学习目标O当中拆解到星期一具体要做的事情。除此之外,还有B级的三项事项等其他的事务。

这里需要注意的是,计划P和事项ABC的排序方式是不同的,每周最重要的三个计划为P1,次重要为P2,并且P1、P2、P3每个级别均不超过三件事。但是三个同等级别的P之间是不强调排序的,这三件事都是本周很重要的事情。

但到了当天的事项ABC,排序决定了我们做事的顺序。

比如最重要的A1、A2、A3,做事的顺序就一定是先完成A1,再完成A2和A3。这个也很好理解,每周的事项不是特别强调完成的先后顺序,因为有些事项是日程类的,只要本周全部完成就可以了。但是当天的事项就一定要有先后顺序了,因为一天的时间就只有24小时,必须先保证当日最重要事项的完成。

先完成每天最重要的三件事,这个观点最早来自博恩·崔西的经典时间管理著作《吃掉那只青蛙》。他在书中说:每天要花80%

的时间吃掉三只青蛙，青蛙代表的就是那些重要又困难，经常让我们感到头疼的大事。

所以我结合OKR目标管理，将这个法则优化了一下，首先通过OKR制订及拆解，一步步落实到每天的三只青蛙是什么。然后先花80%的时间吃掉三只青蛙，另外20%的时间还可以用来吃5只蝌蚪。

青蛙代表重要的大事，蝌蚪就是那些我们也得去做，但是没有那么难的小事。和大家分享一个我通过实践之后，证明行之有效的方法，就是青蛙和蝌蚪最好混合食用。

拿我的日常工作来讲，我会先完成A1写课程大纲，吃掉这只大青蛙。然后做B1统计业绩，换一只小蝌蚪来放松一下。再接着做A2课程PPT。累了就做B2发朋友圈，休息好了再接着做A3写逐字稿。

这样大事小事交替进行，青蛙蝌蚪混合食用，能够让我们保持体力、脑力和精神状态，更大限度地提高效率。

为什么有些人看起来总是井井有条，而有些人总是当天才制订他们的计划，还觉得忙忙碌碌却没有结果。其区别就在于有没有目标思维，是否能够通过拆解，分析出自己当天要做的重要事情到底是什么。

俗话说，凡事预则立，不预则废。大家可千万不要觉得这个过程复杂，如果在这一步没有用心去拆解，那么不管你多么刻苦，最终的努力都可能是白费的。

💡 MECE法则：OKR的核心拆解逻辑

到此为止，我们已经完成了从月度目标O到日事项ABC的整体拆解示范，但你心中可能还会有些困惑，这个拆解看起来好像挺复杂的，能不能再进一步讲详细些呢？

OKR的拆解逻辑，是先拆事情，再排时间。

我们先来看事项的拆解，事项的拆解逻辑主要使用MECE法则。

MECE法则，源自《金字塔原理》这本书，是Mutually Exclusive Collectively Exhaustive的缩写，中文意思是"相互独立，完全穷尽"。

也就是对于一个重大的议题，能够做到不重叠、不遗漏地分类，而且能够借此有效把握问题的核心，以及解决问题的方法。

我们在使用的时候，关键记住两个点：不重复，不遗漏。这个法则能够帮助我们思考问题更全面，帮助我们将OKR拆解得更准确，更容易落地，更容易达成。

我们来通过案例具体学习一下，MECE法则运用的5个方式。

（1）二分法

找出一个维度，将事物分为两个部分，比如说A和非A，这样就能全部概括。比如把知识分成专业知识和其他知识。

按照这个二分法，如果学习目标O是成为阅读高手，那么KR1就可以设置为"深入阅读5本讲如何阅读的书籍"，KR2设定为"泛读10本其他书籍"。这样就通过二分法，把我们要学习的内容分成了阅读知识和其他知识两类。

（2）过程法

把事物根据过程进行划分，按照事情发展的时间顺序、流程、程序对信息逐一进行分类，过程法常见于策划活动等有清晰流程的事项。

事业目标O：提升品牌的知名度。

KR1：完成一场直播活动，引流新粉丝1000人。（7/10）

为了达成这个关键结果，我们使用过程法对KR1进行具体计划事项的拆分。

P1：确认活动主题，设计海报并宣传计划。

P2：设定直播内容，准备物料并彩排。

P3：复盘直播数据，为下次直播提出改进意见。

为了方便书写，我将复杂的活动浓缩到了三个计划当中，在具体执行的时候，还需要做一张完整的活动SOP表格，可以进一步用思维导图拆解，再用项目管理表格来统筹。

（3）要素法

根据一个事物重要的几个要素进行划分。比如，家庭中重要的要素就是一家三口，家庭目标O"提升全家人的幸福指数"，可以从家庭角色的身份进行拆解。

KR1（跟孩子相关）：每天给孩子一个拥抱，一句鼓励。

KR2（和丈夫相关）：每周给丈夫做一顿他喜欢的菜。

KR3（跟自己相关）：每周给自己订一束鲜花。

（4）公式法

通过已被验证有用的公式进行拆分，公式本身就意味着数字的准确。

比如说，在营销当中有一个公式：销售额=单价×数量。根据这个公式，我们可以把事业目标O"大幅提升第二季度销售额"，拆分成三个关键结果。

KR1：把A产品的单价提升20%。

KR2：为A产品策划一场营销活动，提升20%的月销量。

KR3：为B产品策划一场促销活动，提升50%的月销量。

各行各业都已有很多发展成熟的公式，当遇到困难时，不妨找一找有没有类似的公式可以拿来套用拆解。

（5）二维四象限法

找到一个事物的两个维度，作为参考系，列出四象限矩阵。

例如，我们将评估一个学员学习情况的维度，分成学员基础能力和学习状态。得到四种学生的分类：基础好+状态好，基础好+状态不好，基础不好+状态好，基础不好+状态不好。

教学事业目标O"全面提升学员落地效果"，就可以根据这个二维四象限拆分出四个关键结果，有针对性地为学员提供帮助和辅导，保证学员学习的效果。

KR1：为基础好、状态好的学员提供额外的1对1咨询。

KR2：为基础不好、状态好的学员提供集中加强培训。

KR3：为基础好、状态不好的同学提供心理疏导。

KR4：对于基础和状态都不好的同学，先协助其解决情绪问题，再补基础培训。

运用MECE法则对OKR事项拆解后，第二步就是放入时间逻辑进行具体安排。在制订月度OKR时，月的维度包括目标O和关键结果KR，以及月度计划，进一步从月计划拆解到周的维度，形成周计划，再由周计划拆解到日的维度，形成当日待办事项。这就是OKR的先事件逻辑、后时间逻辑的整体拆解方式了。

5.4 用复盘为目标闭环

💡 复盘的目的及三大原则

在本章第二节开篇,我们讲过个人OKR落地的底层逻辑。现在我们已经学习了OKR的倒推拆解,基于月度OKR,进一步细分到周计划、日事项。为了保证目标达成能够闭环,我们要在执行的过程中,通过复盘进行正向跟进和追踪。

什么是复盘?复盘原本是围棋术语,后来运用到企业管理中,是指将做过的事重新推演,从中总结成功的经验,吸取失败的教训。

做复盘的终极目的,就是帮助我们对同一件事,从不知不觉到后知后觉,再到当知当觉,最后能够发展出先知先觉的能力。

这四个阶段听起来有点抽象,但其实不难理解。比如在时间管理的章节,我们分享过"疯狂的闹钟"游戏,用来锻炼我们的时间敏感度。在我的训练营中,玩游戏前,很多同学平时注意不到时间的客观流逝,结果在不知不觉间浪费了大把的时间。开始使用"疯狂的闹钟"后,每小时都会被迫停下来,想一想之前的一小时自己做了什么,这属于后知后觉。使用一段时间之后,慢慢能做到当下就觉察出自己处在什么状态,是在充分利用时间还是在浪费时间。最后,当有了一定的时间敏感度之后,就能提前意识到自己想要拖延了,同时采取一定的预防措施,这就叫先知先觉。

所以复盘的终极目的就是帮我们摆脱混沌的状态,一步步优化自己的心智模式，帮助自己不断做出明智的决策。

在做复盘时，我们需要遵守三大原则。

客观。我们要明白复盘的目的，不是指责任何人，而是找出进一步改进的方向。

即时。复盘非常讲究时间，复盘得越及时，细节记忆得越清楚，效果越好。如果是对事情的复盘，最好是在事件发生之后两天内进行。

持续。复盘的威力，越持久越强大，日、周、月、年，坚持下来就能水滴石穿，彻底升级自己的认知和心智模式。

客观、即时、持续，做到了这三点，复盘才能为我们提供足够的反馈素材，也才能指导我们下一步的计划和行动。

之所以复盘这个环节要单独拎出来自成一节，就是因为复盘对于个人OKR的落地实在太重要了。当我们认真设定、选择和拆解了目标O，填好了计划表后，唯有复盘才能让我们验证，自己到底有没有按照计划执行。如果做了，是否达成了预期的标准，如果没做，又是为什么。

在追求目标达成的道路上，我们会遇到很多事前无法预知的问题，也唯有复盘，才能及时告诉我们目前的方向和路径是否正确，该做何调整。

💡 日、周、月复盘：角色不同，同等重要

倒着拆解目标，正着复盘成果，我们按照日复盘、周复盘、月复盘的顺序，来讲一下不同阶段的复盘该如何做。

（1）日复盘

首先是日复盘，在时间管理章节，我们已经介绍了3分钟极简日

复盘的模板。

第一部分：今日成果，检查今天做的事情是否是围绕目标来进行的。

第二部分：明天最重要的三件事，提醒大家要做跟自己目标相关的事情，并把它放在当日最重要的事项中。

第三部分：今日的自我教练觉察，分别包括今日收获、可以提升、自我加持和一句话感恩4个方面，可以给我们源源不断的觉知和自信的力量。

写日复盘的时间建议是晚上睡前，比如，洗漱后坐在桌前，回顾这一天的经历并完成复盘。日复盘工作量小，花费时间少，却能为我们一天的忙碌做一个很好的收尾。

很多同学会反馈说，写完日复盘，看到自己一天下来无论如何都有些许收获，焦虑的情绪一下就缓解了。写明日计划的时候，也能激发内心对第二天的向往。带着这样充实又期待的心情去睡觉，是一件感受特别棒的事，所以也容易坚持下来。

（2）周复盘和月复盘

OKR的周复盘和月复盘可以使用以下格式，一共包括5个部分。

OKR完成情况：检视完成情况，及时追踪纠偏。

OKR达成经验：总结和积累经验。

OKR变化情况：KR可以调整，但是O不轻易换，除非经实践验证确实不合适。

最开心的事：本周/月/季的高光记忆，最美好的经历。

对自己下周/月/季的期待：自我鼓励及加持。

第一部分：OKR完成情况。人们对越远的时间感知越弱，所以设定完月度目标后，会自然觉得时间还绰绰有余，结果到了月底才发现目标几乎没什么进展，时间却已经过完了。所以，以周为单位，及时检视OKR完成情况，给自己增加3次追踪纠偏的机会，是十分必要的。

谷歌内部采用的是1分满分制的判断方式，如果完成情况是0~0.4分，要反思是否不够努力或者目标设定有问题；0.4~0.7分，表示正常，其中0.6~0.7分是优秀，说明目标有挑战性；0.7~1.0分，要反思是否目标设低了。

不过因为缺乏来自外部团队的他律和鼓励，个人在写OKR时，可以尽量将达成率维持在0.7~1.0分，这样有助于增强自信，使自己持续坚持下去。

第二部分：OKR达成经验。及时地总结和积累我们完成目标能用到的经验和规律。

第三部分：OKR变化情况。在执行目标的过程中，目标和关键结果有可能因为主观或客观因素产生变化。特别要注意的是，如果觉得关键结果KR不能支持目标O的达成，要及时修改。但一般建议大家不要轻易更换目标O，除非有不可抗的外力，或者自己努力尝试后认为确实无法达成，在没有其他推进办法的情况下再去更换目标O。因为个人OKR的周期只有一个月，在这么短的时间里做较大的调整，有可能导致我们之前的积累完全无效。

第四部分：最开心的事。这里可以记录本周或本月的高光记忆，最美好的经历。

在做一件事时，我们的情绪会影响我们对这件事的感受。在复盘中加入对愉快经历的回忆，会让人不自觉地微笑着重温一遍，这也会让我们对复盘这件事产生积极情绪，下次更愿意花时间来认真完成。

第五部分：对自己下周或者是下月的期待，可以留下一些自我鼓励以及加持的话语。这个小小的动作，会激发我们对美好未来以及更好的自己的向往，作为这次复盘的最后一部分，代表着我们有意愿、有信心去迎接接下来的一周或者一个月。这一步也会增加我们对复盘这件事的正面情绪，使我们愿意持续做下去。

为了方便书写，我们可以把月度OKR拆解及每周落地计划和复盘情况，综合在一张表格中，如表5-2所示。

表5-2 个人月度OKR目标管理及复盘表示例

本月OKR	本月计划P	第一周计划	第二周计划	第三周计划	第四周计划
学习目标O：打开心理学的神奇世界 KR1：查资料，筛选出一份心理学经典书单（10/10） KR2：选择并阅读完2~3本书（7/10） KR3：每本书输出一篇学习心得，不低于1000字（5/10）	P1：查资料，筛选出一份心理学经典书单 P2：每周二、四、五晚上阅读2小时 P3：读完书当周内完成学习心得输出1000字				
本周计划P	状态指标	第一周复盘	第二周复盘	第三周复盘	第四周复盘
P1：查资料，筛选出一份心理学书单 P2：周二、四、五晚上阅读2小时	良好：计划有序完成 待提升：锻炼比较少，身体疲惫				

这样我们就有了从月度目标拆分到关键结果，再到月计划、周计划，以及周计划的执行及复盘情况的全部记录，为我们的整个目

标达成过程，留下了清晰的行动轨迹。

不难发现，OKR运用的这套表格并不复杂，因为像月/周/日复盘这些经常做，也很有可能需要做一辈子的事情，最好足够简单，这样我们才能够持续重复做下去。

（3）月复盘文章

在日、周、月复盘的基础上，也推荐大家尝试每月写一篇月度复盘文章。为什么是月度呢？因为一周时间太短，一个季度对于个人来说又太长，用一篇文章系统地梳理和记录自己一个月的行动收获和认知变化，容量和长度都刚刚好。

再结合个人OKR设定时有关月度主题设定的建议，每个月都有专属主题，能让生活充满更多趣味性和新鲜感。同时，如果一年结束，我们能留下12篇月度复盘文章，也为人生积累了一笔宝贵的财富。

月复盘文章的写作方法并不复杂，一共包括三个部分。

第一部分，开篇整体概括，写出本月的关键词，对当月进行整体满意度打分，表达整体感受以及最大的得和最大的失。

第二部分，按顺序罗列当月OKR的达成情况。此前已经使用个人OKR目标管理表格，做好了完善的过程和结果记录，所以我们已经有了清晰的数据，这里只需要复制粘贴过来，并在每个关键结果KR的结尾，标注当月的完成情况。完成就打钩并标注完成率，没完成的就打叉，备注一下是推迟还是取消。

罗列完之后，我们就可以为这些成果匹配各种图片和视频素材了。比如，事业方面的可以有团队的合影，举办的活动海报之类的。学习方面，可以是当月考取的学习证书，或者是阅读的书籍封面。家庭方面，可以放上家庭合影或者孩子的作品。健康方面，可以是你的运动数据或者是运动时拍的照片。人际方面,可以放一些社交活动的合影。最后一部分体验,可以放上这个月享受过的好看的、好玩的、好吃的等照片。财富部分的结果,大家可以另外做一个个人理财规划报表,来及时记录复盘。

所谓没有记录就没有发生,当你尝试去整理自己这一个月拍的照片以及收集的素材之后,一定会惊喜地发现,本以为平淡无奇的日子,其实有很多精彩的瞬间,留下了很多宝贵的人生回忆。

第三部分,可以罗列一下本月的认知收获。这一部分的撰写也比较简单,使用清单体的写法,按照1、2、3条罗列就可以了。摘录的部分建议注明来源,方便我们之后回溯查看。

那么写一篇这样的月复盘文章,需要哪些条件呢?第一,时间。一般从收集信息到梳理再到撰写完毕,大概需要3小时,建议大家利用每月的最后一天或者下一个月的第一天来完成。第二,建档。如果大家要发布,可以选择自己创办一个公众号。如果不发布,可以存在文档软件里,比如印象笔记、石墨、word文档等,建立一个月复盘文章文件夹,方便之后查找。第三,素材。素材主要包括当月OKR表格、当月拍摄的照片,以及我们平时在豆瓣记录的看过的书、电影,听过的音乐等。

复盘自己一个月的生活,真的是一件非常有意思的事情。只要你尝试过一次,就能够意识到生活中没有平凡的日子,只要是属于你的日子,每一天都弥足珍贵。

AAR复盘法:从每一次行动中学习

如果说日常的日、周、月、季、年的复盘,是在帮助我们校准方向,留下宝贵的回忆,那么事项复盘就是成年人最好的学习方式之一。

对于具体事项的复盘，推荐大家使用AAR复盘法（After Action Review）。这个方法一共包括四个步骤，分别是回顾目标、评估结果、分析原因和总结经验，使我们能够对一件已经发生的事情进行深度剖析，从中获得对于事项本身和个人成长的具体指导。

我们拆开来看看，每一步具体如何操作。

第一步：回顾目标。首先需要分清目标与目的，目的是为什么要做，也就是why，而目标是要做成什么样，也就是what。所以目标一定要量化或者设定一个里程碑事件，按照这样的标准，如果之前设定的目标不清晰，那我们在复盘的时候就需要补充清晰，便于对照，并且帮助我们提高下次定目标的准确度。

第二步：评估结果。这一步需要我们能够实事求是，坦诚而深入，不自责、抱怨或者撇清责任。以这样的态度回顾过去，重现当时当地的情境，厘清过去实际发生了哪些关键事件以及关键事件是如何发生的。并从中找出成功的亮点和可提升的不足之处。

第三步：分析原因。这里要特别注意，对成功的剖析和对不足的分析同样重要。但是在我们分析成功因素时，要多想想客观的；分析失败原因时，要多深挖主观的。同时检视是否是因目标设定明显有误才失败的，否则我们所做的原因分析很可能围绕着错误的目标展开。

第四步：总结经验。这时候我们要尽可能退得远，站在更大的视角，寻求更广泛的指导性，尽量不局限于就事论事。同时要小心谨慎，不要把一时一地的认识当作规律。要总结经验和规律，但也要分清经验和规律的不同。

我们具体以我制作时间管理视频课这件事为例，来看看AAR复盘法究竟如何落地。

第一步：回顾目标。我原定的目标是要做出一门时间管理视频课，时间节点是设置在一个月内。质量标准是每节课控制时长在12分钟内，逻辑清晰，提供的认知和方法要能解决具体问题。一直到这里，计划和目标都没有出入。但最后一个计划投入的时间出现了较大偏差。计划投入时间是10小时，实际投入是40小时。

第二步：评估结果。这件事的亮点是：第一，在计划时间内顺利完成了；第二，全程控制在了1小时之内；第三，学员的反馈是逻辑清晰实用，符合之前原定的目标。可提升的部分，一是视频录制的质量不够，声音忽大忽小，画面也不清晰。二是之前没有录视频课的经验，所以没有提前写逐字稿，导致预留时间不够。

第三步：分析原因。成功的主观原因，是之前投入了大量的时间来研究内容，所以本次只是整理输出，比较顺利。客观的原因，是有助理协助剪辑，没有增加这一部分的工作量。失败的主观原因是没有尽快适应新工作的流程，效率低导致加班，并且对于这项工作的难度预估也不够。失败的客观原因，是新增了两个计划外的比赛，占用了一部分时间，影响了项目的进程。

第四步：总结经验。做完这门视频课，我获得的经验是，掌握了一款录制软件，同时在录制时开始注意音质和画质。规律方面，我总结了一条：变化无法预期，需要迅速判断不同事务的优先级，及时调整，才能够抵抗不确定性的风险。

最后，接下来的行动计划分为三个板块：Start、Stop、Continue。这三块也是一个独立的复盘单元，Start指新开始一件事情，我计划之后的新工作流程要三天内出SOP，预留时间翻至3~5

倍;Stop指停止做一件事,这次录制视频时间紧任务重,有些透支,之后要注意停止透支精力的工作方式;Continue指要持续做的事,这次预定与实际使用时间之间存在的巨大差异,提示我要持续地记录自己做各项事务花费的时间,以便更加精准地进行预判。

为什么对一件事的复盘要做到这么细致呢?因为每个人的经历和经验都是有限的,更多时候,我们只能从他人的经验和书本里学习知识。所以当我们亲身经历了一件事,尤其是大型的、较为完整的项目,就一定要认真复盘。

对亲身经历进行复盘总结,是非常高效的成长方式,远比观摩他人行动听取他人建议来得扎实。

💡 警惕过度复盘,学习内省不疚的智慧

伟大的哲学家苏格拉底曾经说过,未经审视的人生不值得过。复盘就是一个能帮助我们审视人生的方法。

但复盘也容易进入一个误区,只要做事,就有一定的失败概率。如果缺乏面对失败的正确心态,我们就会逃避面对客观事实或者过度批判甚至攻击自己,导致越复盘越自责,越复盘越懊悔,甚至发展到迁怒于人。

所以刘擎教授补上了后半句,帮助大家对复盘这件事形成更全面客观的视角:未经省察的人生不值一过,过度反省的人生过不下去。

有一个很有名的小故事,孔子论君子。

孔子的弟子司马牛问孔子:怎样做一个君子呢?孔子说,君子不忧不惧。意思是君子不忧愁也不恐惧。

司马牛又问:不忧愁不恐惧,这样就可以叫作君子了吗?孔子

说：内省不疚，夫何忧何惧？意思是内心反省，但不因感到有错而悔恨，那还有什么可愁可怕的呢？

这里的"内省不疚"，就是复盘的智慧，直面事实但不苛责自己，不悔恨过去。当我们努力做到内省不疚的时候，就是在努力成为一个没有忧愁和恐惧，直面人生各种挑战的人。

愿我们都能有内省不疚的智慧，清醒自在、淋漓尽致地活好一生。

本章小结　运用OKR实现个人目标

生活在一个充满不确定性的时代，我们只能接纳外部环境的不确定性，并努力通过自我管理来实现个人生活的局部确定性。

在个人目标管理的各类方法中，个人OKR相对规范、系统、好上手，能够将我们的目标和达成路径可视化，并具备极强的灵活性。

个人OKR的设定分为四步：选择、制订、拆解和复盘。整个闭环逻辑，可以用金字塔的模型来展示，一个目标O匹配3~5个关键结果KR，每个KR继续拆分为月计划P1、P2和周计划P1、P2，计划P再继续拆分成事件：A1，A2，A3。

通过设定和拆解完成从月目标到日事项的制订，再通过一件件日事项的执行和日、周、月复盘，完成整个OKR的落地闭环。

实现动态的个人目标管理，确保目标达成。

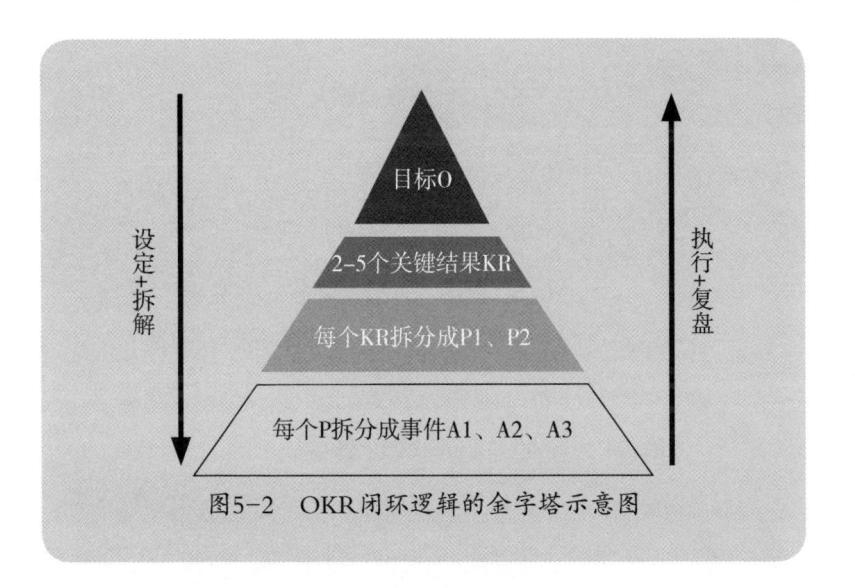

图5-2　OKR闭环逻辑的金字塔示意图

（金字塔由上至下：目标O；2-5个关键结果KR；每个KR拆分成P1、P2；每个P拆分成事件A1、A2、A3。左侧箭头向下标注"设定+拆解"，右侧箭头向上标注"执行+复盘"）

落地作业　制订你的月度OKR

请将你本月最重要的目标O，按照表格模板，拆解并填写月度关键结果KR、月度计划P、第1周计划P以及当天的事项A、B、C。

加餐小锦囊　六大常见问题及解决方案

我们已经学习了如何设定个人OKR，这里为大家总结了六个OKR落地时可能遇到的常见问题以及解决方案。

1. 不会写目标，不知道目标来自哪儿

如果大家遇到这个困惑，可以整体审视一遍自己当前的状况，结合当前的工作需要和个人生活需要来设定自己的目标O。

2. 目标不聚焦

建议列出最多3个目标O，并为每个目标O匹配3个KR，保证自己的关注点一直在最重要的目标以及能够实现目标的关键结果上。

3. 不够量化，尤其是关键结果不够量化

如果遇到一些不容易量化的指标，比如说设计师的图片质量，我们可以使用一些客户满意度、客户通过率等第三方的量化标准。

4. 目标O不具有挑战性

我们设定OKR的目的，就是要挑战自己，走出舒适区，所以建议大家尽量撰写信心指数为5或者是7的关键结果，确保目标O是具有挑战性的。

5. 关键结果不能支持目标的实现

写完OKR之后一定要多次检查，假设你所列的所有关键结果全部实现了，看看你的目标O此时能否实现，并在做的过程中及时调整。

6. 完成率低，丧失信心

使用OKR进行个人目标管理时完成率低是非常常见的，因为OKR本身就具有挑战性。无须追求100%完美达成，70%的达成率就是衡量目标是否达成的标准，只需要用70%来衡量达成情况就可以。

第6章

习惯养成
小习惯成就大改变

CHAPTER 6

6.1

长期坚持的终极秘诀

💡 习惯的神奇力量

相信大家通过目标管理，感受过一步步靠近并实现目标的喜悦后，都会忍不住问一个问题：我该怎么做，才能把这种持续行动的状态长期保持下去？

答案很简单，只有四个字：养成习惯。

什么是习惯？

现代人每天都抱着手机，手指在键盘上飞舞，接收和发出无数条信息。键盘的使用方式也分出了9宫格和26键等不同的输入法，不知道你使用的是哪一种呢？

如果我们尝试切换成其他输入法，就会惊讶地发现，太别扭了！平时灵活自如的手指，此刻完全不知道该往哪里点，不但速度慢了，上面的字母好像也都不太认识了。我们会发自内心地质疑：居然有人能用这种键盘打字？这也太疯狂了！

在我家，我使用的是9宫格，我妈妈使用的是26键，每当我帮她在手机上处理一些事务时，第一个动作就是切换输入法，不然我完全不会使用这部手机！

由于两种键盘使用方式差异巨大，甚至出现了一个很有趣的场景，网络上永远有人在讨论，9宫格和26键究竟哪个更好用？哪个速度更快？

答案是，你习惯用哪个，哪个就更好用，速度就更快。

这就是习惯的力量，习惯就是别人怎么做怎么别扭的事，我们做起来很自然。

刷牙的习惯是一个更典型的例子，虽然小时候父母教会我们刷牙花费了一些时间，但一旦刷牙的习惯养成，不刷牙反而是一件非常痛苦的事。

所以，习惯就是和刷牙一样，轻松又自然，不做不舒服的事。

现代人每天的工作和生活都很忙碌，要思考的事务很多，如果能把想要坚持的行为培养成习惯，不仅能解放一部分大脑带宽，还能保障自己的身心健康。

这也是为什么，人们每天都在努力养成好习惯，大家当然知道早睡早起、多读书、多运动、吃健康食品有好处，但大家更希望的是，能够不和自己的懒惰抗争，轻松自如地做到这些事。

💡 习惯是如何养成的

想达成这个美好的终极愿望，我们要先到源头上去看一看，习惯究竟是怎么养成的。

丹尼尔·卡尼曼是历史上第一位获得了诺贝尔奖的心理学家，他开创了经济学的新分支——行为经济学，《思考，快与慢》就是行为经济学的经典著作。

卡尼曼在这本书中指出，人的思考模式分为快思考和慢思考两个系统，也就是直觉思维系统和理性思维系统。直觉思维系统，顾名思义，依赖快速的、无意识的直觉；理性思维系统则需要我们主动控制、有意识地思考。

这两种截然不同的思维系统左右着我们的日常行为，但几乎难以察觉和分辨。

比如，走在路上，迎面过来一个在奔跑的人，我们会下意识地闪躲到一边，这就是快系统在发挥作用。但面对25×36这样的问题，我们没办法直接给出答案，因为回答这个问题，需要调动慢系统。

快系统很勤劳，几乎一直都处在自动运行的状态，帮我们立即感知和了解周围的环境，依据当下的感觉、直觉、情绪等心理反应，快速做出判断。比如开车回家时，行驶在熟悉的路线上，我们并不会刻意去思考如何驾驶或者如何找到方向，"不知不觉"中就到家了，这主要是快系统的功劳。

慢系统则常常处于放松状态，只有当快系统遇到了难以理解或者应对的问题时，大脑才会调动慢系统。比如，要判断两份职业哪一个更有前景，快系统就回答不上来了，需要慢系统来解决。也就是说，无法靠直觉得出答案时，我们才会调用理性。

慢系统和快系统之所以会产生这样的分工，是因它们对大脑运力的要求截然不同。

把大脑想象成一台计算机，快系统就是一个极其轻便的程序，不占据什么内存，就能轻松自如地运转。而慢系统虽然功能强大，但启动和运转会占据大量内存，一旦运转起来，就不能同时运转其他程序了。这也是为什么当我们专注地做一件事时，有时虽然能听到身边的人在对自己说话，却完全"听不懂"对方在说什么，因为大脑这时连解码语言的内存空间都没有了。

慢系统和快系统的存在，以及它们之间的分工协作方式，对我们养成习惯有什么启发呢？

答案是，我们可以先调用慢系统，给自己量身定制一套科学的习惯养成方案。在执行的过程中，也要时不时借助慢系统保驾护航。等到想要养成的习惯，已经可以依靠快系统，低耗地、不假思索地去执行，我们就可以说，习惯已经养成了。

简单来说，就是先梳理出逻辑上认同的行为，然后依靠理性指导，训练成好习惯，用这些好习惯来指导和改变自己的生活。

听起来是不是还是有点复杂？别害怕，如果你能熟练掌握任何一门技能，比如写字、骑自行车、开车，甚至就是日常的刷牙、在手机上输入文字，你就能学会习惯养成。

还记得当初学打字时的痛苦吗？一会儿低头一会儿抬头，在键盘上慌乱地找对应的字母。再回想下你今天的工作，你是怎么在电脑上敲出字的，完全不记得了，对吗？

没错，所有的习惯养成都是这样的，虽然一开始会有点手忙脚乱，但只要找到了正确的方法，我们终会游刃有余。

💡 不同习惯需要不同的养成周期

在动用我们的慢系统，认真思考如何培养习惯之前，我们需要先破除一个影响深远的有关习惯养成的误区。

现在市面上有很多"21天训练营"，强调说只需要21天，就能帮助学员们养成好习惯。"21"这个非常清晰的数字和颇具诱惑力的承诺，吸引了一批又一批希望在21天里"脱胎换骨"的学员。

实际上，很多组织者也确实动用了各种各样的方法来激励学员完成任务，确保大部分人能够坚持完21天。但21天之后呢？很显然，绝大部分人直接放弃了。

对于培养真正的习惯来说，只做21天显然远远不够。

这个说法其实最早来自一本1960年的书，书名叫《心理控制术》，作者是美国的整容医生麦克斯威尔·马尔茨。他在书中写道，截肢病人通常需要21天才能接受他们失去肢体的事实；而整容后的人，平均需要21天来习惯手术之后的新容貌。

相信你也发现了，这位医生讲的是他发现的人们接受生活中重大变化的时间，这和真正的习惯养成并不是一件事。

此外，"21天"理论还有个明显的漏洞，即习惯养成是量变到质变的过程，一方面"量"无法精准预估，另一方面，不同习惯的养成需要的时间也不同。

日本的习惯培养专家古川武士就指出，不同习惯养成的困难程度是不一样的。一般大家会选择培养的习惯，可以分为三大类，分别是行为习惯、身体习惯和思考习惯。

行为习惯：读书、记账、写日复盘等。

身体习惯：早起、跑步、器械锻炼等。

思考习惯：逻辑能力、创新思维、批判性思维等思考方式。

相比较而言，行为习惯是比较容易养成的，因为它只要求我们每天规律地做一件事。就比如在我们的社群当中，学员如果能够坚持30天，每天睡觉前写3分钟日复盘，这个习惯也就基本养成了。

身体习惯要求会更高一点，因为涉及身体的状态和改变，一般至少需要3个月。

思考习惯就更难了，相当于我们要改变我们过往看事情的角度，需要时刻保持觉察，所以需要6个月以上的时间。

对习惯养成的困难程度有一个预判，能够帮助我们更合理地做预期，在遇到困难的时候有勇气坚持下去。

6.2

设计自己的好习惯

💡 打破动机神话

习惯对我们的人生帮助这么大,到底如何培养习惯呢?

目前被广为认可的方法叫作福格行为模型,提出者是行为设计学鼻祖福格,他曾是斯坦福大学行为设计实验室创始人,深入研究人类行为超过二十年,被尊称为"硅谷亿万富翁制造机"。

福格行为模型的构成非常简单,B=MAP。B是Behavior(行为),M是Motivation(动机),A是Ability(能力),P是Prompt(提示)。

也就是说,当人们有能力、有动机的时候,只要得到提示,行为就会发生。

请你观察一下这个等式,回答一个问题:在这个等式中,动机、能力和提示三个要素中,哪一个最重要?为什么?

也许你曾听说过吸引力法则,或者看过许多诸如"只要敢想,当下就能立刻改变"的文章。这让你深信动机一定是其中最重要的,但事实真的如此吗?

福格教授在研究人类行为时,发现我们一直仰赖的动机,其实并不可靠,具体原因有很多。

首先,动机很复杂。它有可能来自我们的内在愿望,比如个人想要变得更好;也有可能来自外部的要求,比如人人都要纳税;还有可能来自环境的影响,比如遇见灾难性事件时,企业和名人纷纷捐款。

人们的行为动机,并不只是来自自己,也和环境以及他人的行为息息相关,这远比"我想要"复杂得多。

其次,动机冲上顶峰之后会迅速回落,强烈的动机只适合去做一次就能完成的真正困难的事情。比如,下定决心辞职,一口气扔掉家里所有的垃圾食品。还有一件几乎所有人都做过的事情,就是踩着点冲到机场搭飞机,或者冲到火车站赶火车。这时我们的奔跑速度,一定能轻松通过800米测验,但谁也不愿意每回都这么狂奔。

此外,高水平的动机也很难维持。美国有一项数据调查,覆盖了全球2亿的在线学习人次,结果发现一门课程最终结业的人数只有不到10%。

而且,无论动机是什么,你的大脑都会很快把它们合理化。想一想减肥这个常见的场景,前一天信誓旦旦地说:我这个月一定要瘦5斤。第二天吃饭的时候又安慰自己说,吃饱了才有力气减肥,明天再开始吧!从"一定要瘦"到"先吃再说"的动机转变,就是非常典型的合理化。

不但如此,动机波动得也十分频繁。比如,绝大部分男性只想得起来在情人节买玫瑰花,其他时间根本想不起来这件事。

将动机用于追逐抽象概念,也无法产生结果。比如一个月薪3000元的人,无论怎么梦想一夜暴富,赚钱的动机再强,都是无法实现的。

最后一点,仅凭动机,无法实现长期改变。因为想象很美好,现实很骨感,真正要取得成果,光想绝对是不够的。

依靠动机,就像你在出发前给油箱加满了油,想着跑500公里没有任何问题。结果上路了才发现,一路走走停停,各种不可预见的情况都在增加消耗,甚至真正的目的地根本远在5000公里之外,就只好放弃了。

了解了动机不可靠的诸多原因之后,下次再听到只强调动机的言论一定不要相信,例如,足够努力就能成功,足够渴望就能成功,足够有压力就能够成功。这些单薄得毫无依据的观点,只会让我们一夜间打满鸡血,但在第二天早上又不得不面对残酷的现实。

所以,要培养习惯,我们首先要打破动机的神话。

这同时也给了我们新的启发,不用因为自己的半途而废而沮丧,我们只是高估了未来的动机,即便是自控力极强的人也同样如此,我们并不是愚蠢轻浮或者容易上当受骗,我们都只是一个普通人。

💡 巧借短期目标培养长期习惯

既然动机不可靠,我们该怎么办呢?

在学习了第五章目标管理后,我们可以将月度OKR和福格行为模型两个工具结合起来,用短期目标O来替换动机。在制订目标OKR的阶段,想清楚做什么以及为什么要做之后,后续就不用再依赖最初的动机,只考虑如何执行了。

将目标和习惯结合,主要有两个难点,一是目标的选择,二是福格行为模型的应用。

在第一步目标选择部分,大家需要注意,习惯要和目标强相关,选择养成的习惯要足够小。比如,目标是健康减肥,习惯可以是起床后空腹喝一杯温水;目标是提升育儿的认知和能力,习惯可以是每天写一篇200字育儿复盘日记。

举个例子,来参加我们线上训练营的同学,普遍有一个动机是这样的：哇，参加了训练营学习，我就能成为实现目标的高手了。

将这个动机转化为目标，可以写出一个完整的学习OKR：

学习目标O：通过学习和实践成为目标狙击手。

KR1：完成30天日复盘打卡。（5/10）

KR2：听完10节课程，完成对应作业。（7/10）

KR3：参加至少3次OKR啤酒会。（7/10）

在三个KR当中，第一个的行动频次最高，和目标强相关，同时"日复盘"这个行动也足够小，很适合作为习惯来培养。于是我们确定，借助达成学习目标O的过程，培养自己每日完成3分钟日复盘的习惯。

确定了想要养成的习惯之后，根据福格行为模型，我们需要找到培养习惯的三个关键点，分别是提示、能力和激励。

提示，指的是锚点时刻，所谓锚点，就是一个已经有的行为习惯，时刻一定是一个时间点，不是一个时间段。在此基础上，锚点越具体越好。比如说一睁眼、一下床、刷牙时、化妆时、通勤时以及一打开电脑的时候。

能力，指的是微习惯，就是一个绝对能做到的小规模的入门动作，不行就再小一点，越小越好。比如：一开始如果做不到每日复盘打卡，就把目标动作缩小为打开打卡的工具；运动习惯不要从健身一小时开始，而要缩小成做两个深蹲；读书也不需要每天30分钟，能做到打开书读两行就行。总之，这个入门动作的选择非常重要，一定要小到几乎不费力气就能启动。

激励，指的是只要做到了就马上庆祝，越即时越好。我们可以找一个自己喜欢的微庆祝方式，把之前的考上证书就买一个名牌包这样遥远的激励，变成看一页书就告诉自己你很棒。既不破费，又能即时满足。

所以，对于养成3分钟日复盘打卡的习惯，借助福格行为模型，我们可以这样设计：

目标习惯：睡前3分钟日复盘打卡。

锚点时刻：睡前躺上床的那一刻。

微习惯：打开日复盘打卡链接。

微庆祝：给自己点个赞。

分析一下这套习惯养成方法的设计思路。首先，"睡前躺到床上"是我们生活中的固定流程，是一定会发生的事，所以可以把"睡前躺上床"这个每晚一定会发生的动作，设置为锚点时刻。其次，既然是微习惯，那就必须能毫无压力地做到。我们将完成"3分钟日复盘"这件事，再往下拆解，发现第一步是有意识地把复盘链接打开。所以微习惯从"完成复盘"收缩为"打开链接"，确保一定简单到不会失败。做到之后，要给自己及时奖励，简单的方式就是自己给自己比个赞，或者告诉自己"你真棒"。这样的即时激励，会让你的心情立即明亮起来。这样，这个习惯养成的过程就和愉悦的心情产生了直接联系，促使你下次还愿意再来一遍。

就在这些有提醒、简单且愉悦的重复行动中，我们就能一步步养成好习惯了。

需要注意的是，是否充分理解提示、能力和激励这三要素的关系，并设定合理的微习惯，是决定福格模型能否起作用的关键。所以我们在给自己设置微习惯的时候，还需要参考图6-1，检查一下自己设置的微习惯是否在行动线上。

✓ 极简自律：如何活出想要的人生

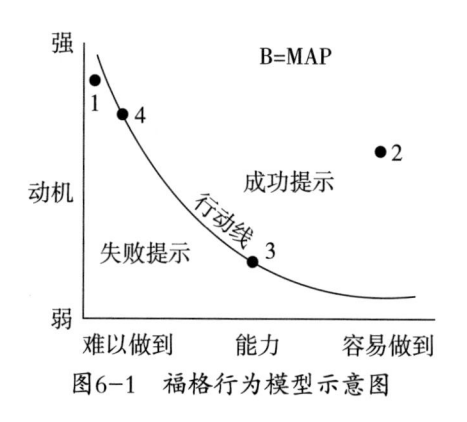

图6-1 福格行为模型示意图

这张图的横轴代表能力，从左到右，依次为"难以做到"到"容易做到"。纵轴代表动机，从下往上依次由弱变强。曲线的上方，代表"成功提示"；曲线的下方，代表"失败提示"。

我们举几个例子对比一下：

第1个：立即瘦10斤，动机很强，但也很难做到，所以它的位置在点1。

第2个：熬夜刷剧，非常容易做到，动机也很强，所以它在点2的位置。

第3个：睡前躺下就打开日复盘打卡，这个微习惯需要的能力和动机都是中等，所以刚好落在行动线上，是点3。

第4个：妈妈在危难时托举孩子，非常难，但极其强烈的动机，帮助她在一瞬间突破了自己的极限，所以这个行为位于行动线上的最高点，也就是点4。

我们自己设计微习惯的时候，就可以把它放在这个图当中，看看动机、能力和提示设置得是否得当，这个行为能否落在行动线上。

使用福格模型设计微习惯，也有一些小技巧。

设计好动作后，重复几遍形成肌肉记忆。

比如，我们想养成睡前在电脑上做日复盘的习惯，就可以设定洗漱后回到房间的那一刻，立即在电脑前坐下，打开日复盘表格。设定好后，认真重复几次线路：从门口进来，走到椅子旁坐下，打开桌面上的表格。连续重复7~10次，让我们的身体开始适应这个流程，这非常有助于我们后续养成习惯。

锚点时刻选择已经固定、会重复做的事。

刷牙就是一个很好的锚点，我们每天早晚都要刷牙，可以设定早上刷牙的同时，做五个深蹲，或者在刷牙后喝一杯温水。在稳定的旧习惯的引导下，我们更容易养成新习惯。

我的一个学员很讨厌做家务，在学习了福格行为模型后，他给自己设定了一个刷完牙就拿起扫把扫两下的微习惯。试了几次，他发现只要能扫完开头那两下，后面打扫起来就很快，于是轻松养成了每日打扫的新习惯。

为设计好的行为，匹配合适的环境。

环境也是影响行为发生的重要因素，如果我们想在睡前读书，就要在床头柜上提前准备好要读的书，最好再准备一个书签，方便我们一打开就能找到正在阅读的部分，降低阅读的阻力。

如果想起床后就锻炼，可以把要换的运动服放在床头，保证自己一醒就能看得见、够得着。

如果想养成多喝水的习惯，可以拿一个大水壶放在桌子上，方便自己想要喝水的时候，直接就可以拿起来倒进杯子里。

失败了不要紧，检查问题并重新设计。

再好用的方法，在尝试的时候也难免会遇到问题，如果尝试用福格行为模型养成习惯失败了，不要紧，检查一下是动机、能力、提示、环境这四个主要因素中，哪一个或者哪些有问题，修正后再继续就可以了。

比如，希望自己能在起床后第一时间坐到桌前看书，但冬天室内温度低，虽然醒了但就是起不来。这个时候，我们从环境入手，提前准备一件保暖的厚外套放在床头，一起来就赶紧披上，保持身体的温度，降低寒冷带来的不适。这样我们从床上起来的难度就小了很多，冬天起床也就没有那么痛苦了。

福格行为模型应用案例

为了帮助大家更深入地理解福格行为模型的使用方式，这里给大家举几个真实的修改案例，我们一起在对比中，加强对锚点时刻、微习惯和微庆祝三个新概念的理解，确保落地执行时的准确性。

案例一：
原作业
第一步目标选择：健康目标O——提升皮肤状态
第二步习惯选择：每天一进办公室就喝一杯水
第三步用福格行为模型设计微习惯：
1. 锚点时刻：早上抵达办公室后
2. 微习惯：先倒杯热水，捧着水杯查看文件直到喝完第一杯水
3. 微庆祝：对自己说"感觉好极了！"
点评：习惯和目标强相关，难度也足够小。锚点时刻可以再缩小一点，比如把包放在座位上的那一刻，微习惯也缩小一点，比如倒杯水，后面喝水其实是自然而然的事了。
修改后
第一步目标选择：健康目标O——提升皮肤状态
第二步习惯选择：每天一进办公室就喝一杯水
第三步用福格行为模型设计微习惯：
1. 锚点时刻：早上把包放到座位上的那一刻
2. 微习惯：拿起杯子接杯热水
3. 微庆祝：对自己说"感觉好极了！"

第6章 习惯养成 小习惯成就大改变

案例二：
原作业
第一步目标选择：学习目标O——通过阅读入门心理学
第二步习惯选择：养成睡前读书的习惯
第三步用福格行为模型设计微习惯：
1. 锚点时刻：睡前
2. 微习惯：读书30分钟
3. 微庆祝：冥想放松5分钟
点评：这里微习惯的三个点，都有点大，不够精准，需要做收敛。
修改后
第一步目标选择：学习目标O——通过阅读入门心理学
第二步习惯选择：养成睡前读书的习惯
第三步用福格行为模型设计微习惯：
1. 锚点时刻：洗漱后坐在桌前
2. 微习惯：打开准备好的书，读1页
3. 微庆祝：做一个深呼吸

案例三：
原作业
第一步目标选择：家庭目标O——保持地板和家具的整洁
第二步习惯选择：每天随手打扫
第三步用福格行为模型设计微习惯：
1. 锚点时刻：早饭后/晚上洗澡前
2. 微习惯：每天早饭后用吸尘器吸地10分钟；每周二、周五，晚上洗澡前用抹布擦家具10分钟。
3. 微庆祝：做一张卫生打扫卡挂在墙上，完成就在卡片上打钩，增强成就感；然后告诉自己"你很棒！"
点评：目标和习惯选择都没问题，在设计微习惯这一步，锚点时刻涉及早、晚两个时刻，两件事可以先分开，或者就直接统一到一个锚点时刻，干不同的事情，这样作为微习惯比较能坚持。微习惯也是，先拿起家务工具就好。
修改后
第一步目标选择：家庭目标O——保持地板和家具的整洁
第二步习惯选择：每天随手打扫
第三步用福格行为模型设计微习惯：
1. 锚点时刻：早饭后来到卫生间
2. 微习惯：拿起吸尘器
3. 微庆祝：告诉自己你很棒，如果顺利完成吸尘任务，就在纸上打个钩知道了如何养成好习惯，也可以用这个方法戒除坏习惯。因为我们想要摆脱一个坏习惯时，有效的方式不是抵抗行为惯性，而是用一个新的好习惯来替代它。

比如，把通勤时打游戏改成通勤时听课，把午间休息坐着改成午间休息散步，把睡前刷手机改成睡前看书。戒掉坏习惯和培养好习惯的方法其实是一样的，只需要找到已有坏习惯的锚点时刻、微习惯和感到愉悦的原因，替换掉具体的微习惯行为即可。

举个例子，很多人有下班一到家就瘫在沙发上刷手机的习惯，而且一开始就停不下来。想要戒掉这个坏习惯，我们可以替换成一进家门，就把家里简单打扫一下，同时放着音乐，让自己的身心都得到放松。这里的简单打扫只是举例，大家可以根据自己的喜好，替换成想做的事。

坏习惯：下班一进门就玩手机，一玩就是一两个小时。

锚点时刻：一进家门。

微习惯：躺到沙发上开始刷手机。

爽点：感觉终于放松了。

好习惯：下班一进门就先简单打扫一下房间。

锚点时刻：一进家门。

微习惯：拿起扫把。

微庆祝：放首爱听的歌。

具体的微习惯和微庆祝方式的案例还有很多，我附在了本章结尾的加餐小锦囊中，大家可以借鉴参考。

当我们借助短期目标，顺利养成了新的好习惯时，目标也已经达成，要和我们告别了。这就是目标和习惯之间的关系，亦师亦友，也很像青出于蓝而胜于蓝。因为目标总有达成或者不得不放弃的时候，但养成的习惯会陪伴你再走很长一段路。

这样，从动机到个人OKR再到福格行为模型，一条从不可靠的动机转到可视化、可操作的目标，再到形成长期习惯的路径，我们就顺利走完了。

6.3 克服习惯养成三大难关

💡 培养习惯的三个标准和两大手段

福格行为模型能够用微习惯，帮助我们轻松地开启习惯培养之旅。但在真正实操的过程中，每个人都会遇到三大难关：1~7天的反抗期，8~21天的不稳定期，以及22~30天的倦怠期。

在培养习惯失败的人群中，有40%的人在第一阶段就放弃了；还有40%的人，因为受到其他事情的干扰，止步于第二阶段；到了第三阶段，重复的行为让我们逐渐开始感到厌烦，最后20%的人也支撑不下去，放弃了。

所以，想要安全地度过这三个阶段，在出发前，我们就需要对即将遇到的阻力进行预判，并提前设计好应对方案。

首先，再次检查自己设定的习惯培养方案，看看是否符合下面三个标准：

标准一：单一，同一时间只锁定一项习惯，不要同时培养多项习惯。

标准二：简单，运用福格行为模型设计启动动作时，越简单越好。

标准三：累加，要使用加法思维，不要在意一时得失，坚信积累大于持续。

这三个原则，能确保我们在一段时间里，将注意力集中在一项习惯培养上，充分调用慢系统来支持习惯养成，等快系统顺利接手后，再开启下一项习惯的培养。

《自控力》的作者凯利·麦格尼格尔博士有一句名言：如果你想一下改变太多事情，你就可能彻底消耗掉你所有的自制力。所以，不要急，培养习惯，慢慢来，比较快。

确认习惯符合三大标准后，我们来了解一下两大必要手段，趋利和避害。

可以说，趋利避害的天性是人类一切行为的原动力，趋利就是我们在做一件事前，总是要先判断一下，做这件事是有好处还是有坏处，确定有好处才会去做。相对来说，避害的影响力会更强，因为避开危险本身也是好处的一种。我们会普遍存在一种"安全边际"的心态，也就是说，自己就算得不到好处，也不愿意给自己带来麻烦。

懒惰是人性，三分钟热度也是人性，趋利避害同样是人性。我们要做的，就是主动借助人性，设计对应的激励和惩罚机制，来助力习惯养成。

首先，要调动趋利的积极性，有四个具体的切入口，分别是物质奖励、他人的认同、游戏化机制和仪式感，拿我设计的训练营来举例。

物质奖励：只要完成打卡，就有各种红包、优质资料、实物礼物的奖励。

他人的认同：我们会引导大家互相点赞、评论、解答问题，给予彼此鼓励。

游戏化机制：我们会设置赢行动币、目标币之类的玩法，通过游戏化的氛围来调动大家行动。

仪式感：奖项无论大小，都会制作精美海报，并安排隆重的颁奖仪式，这就是仪式感的体现。

在这样的氛围中，参与者会被趋利的本性驱动，积极完成学习任务，也就在不知不觉中养成日复盘的习惯了。

其次，想要调动我们避害的积极性，也有四个实用方法。

金钱处罚：比如，转给朋友1000块钱，请朋友帮忙监督自己，如果自己一个月内没有坚持下来，就不返还了。

加入有严格规则的社群：比如，完不成任务就会被移出群，这会迫使我们为了留下来而努力。

对大众宣布自己的目标：请大家一起来监督自己，如果没完成就会损失个人形象和信用分，所以这是一个非常有力的公众监督手段。

借用项目的Deadline：Deadline正如其名就是"死亡线"，我们对Deadline的恐惧就是对死亡的恐惧。

相信你也感受到了，读到这些方法的时候，我们就已经感受到呼吸急促、压力猛增了，这就是避害本能的强大力量。

趋利避害的具体方式还有很多，在使用的过程中要灵活组合，找到对自己有效的奖罚方式。

💡 逐一攻克培养习惯的三大难关

了解了这三大原则和两大手段之后，我们来看一看，每个阶段我们具体能做些什么。

第一阶段：反抗期，也就是前1~7天。这个时期的特点是容易从激情满满到三分钟热度，然后放弃。

针对性的解决方案有两个，一是使用福格行为模型，从小到不可能失败的行为开始，尽可能地降低失败的可能性。二是极简记录，用简单的方法，把自己已经做到的事记录下来，给自己增加正向的激励。

比如，用"块时间"App记录时间和做好"3分钟日复盘"，都是极简的记录方法。我们在做诸如阅读、运动打卡的时候，也要让打卡的方式极简化，可以准备一张大白纸，在上面画个简单的日历，然后对照日期打钩或画圈就可以了。

运动健康方面的记录，也有一种极简的方法，就是购买运动手环或者运动手表，让它自动记录睡眠和运动时间。

第二阶段：不稳定期，也就是8~21天，我们很容易被自己的身体状况或者外部突发的事务影响。比如，定好了运动的计划，但突然生病了，需要卧床。或者家里的水管突然坏了，需要花半天的时间来修，占用了原来的工作时间，又需要周末加班。一系列问题传导下来，原定的计划都被打乱了。

为做好预防，我们可以根据前7天的实践，将想要培养的习惯模式化，尽量固定内容、时间、地点和数量。比如，将3分钟日复盘打卡具体到每晚睡前花5分钟完成一次日复盘打卡。这样即便生病在家，或者白天十分忙碌，在睡前依旧能想起来做这个简单的动作。

对于意外情况，则需要灵活的处理方式。比如，当天晚上因为加班熬夜到很晚，做完直接休息了，没有进行3分钟日复盘。那就可以在第二天早上上班后，补上前一日的复盘，顺便做当天的计划。

对于被不可控因素打断的计划，比起方法，更重要的是明白失败不可怕，可怕的是没有爬起来再战的勇气。

人生是一场漫长的马拉松，学会坚韧比强调坚持更重要。

第三阶段，倦怠期，也就是22~30天。这时，我们可能厌倦了一成不变的行动，也可能因为还没有看见成效，而开始质疑习惯培养的意义。

应对这个阶段的倦怠感，我们可以先从制造新鲜感入手，给自己正在做的事增添一些变化。比如在3分钟日复盘当中，自己添加一项每日金句，收集当天看到的有启发的观点，增加每日复盘的趣味性。此外还可以同时开启下一项习惯，比如除了3分钟日复盘之外，我们可以开始每日10分钟阅读，并且和日复盘一起做记录。

也许你看下来觉得有点麻烦，为了养成一个习惯，要为应对过程中的困难想这么多方法。是的，这就是我们在习惯养成计划的设计阶段，要充分调动慢系统的原因，先学明白、想清楚，并设计好应对方案。这样当真正的困难来临时，我们才能游刃有余地应对，才能比其他人更好地坚持下去，直到习惯最终顺利养成。

富兰克林培养十三条美德的启示

拥有了一个习惯后，什么时候可以开始培养新的习惯呢？刚才我们讲倦怠期的时候，提到过可以在感到厌倦的时候，开始一个新习惯的培养。

这个方法有一个大人物用得特别好，他就是富兰克林。富兰克林是美国的政治家、物理学家、印刷商和出版商，也是作家、发明家和科学家，还是外交官，以及美国的开国元勋之一。

富兰克林能够身兼数职，还在各个领域都做到顶尖，离不开他强大的自我管理能力。在他的自传《富兰克林自传》当中，他详细地讲解了自己是如何培养美德的。

首先，他列出了自己想要养成的十三条美德，包括节制、慎言、条理、坚毅、节俭、勤奋、真诚、正直、适度、清洁、心静、贞洁和谦卑。

然后，接下来的每周，他只关注一种美德的培养。为了自我监督，他制作了一张表格，如果哪一天没做好，他就在表中涂一个黑点。每13周差不多是一个季度，为一个循环，如表6-1所示。

表6-1 富兰克林的美德培养表格

周次	第一周	美德	周日	周一	周二	周三	周四	周五	周六
1	节制		●						
2	慎言				●	●			
……									
12	贞洁			●					
13	谦卑							●	

从他成就斐然的一生中，我们可以感受到，这个方法一定对他产生了极大的帮助和影响。

那如果我们顺利克服了反抗期、不稳定期和倦怠期三个阶段的困难，坚持到了30天之后，我们身上会发生什么奇妙的改变呢？

在第30~60天，我们将进入适应期，这时习惯已经初步养成。第61~100天，我们会进入认同期，认同就是你开始觉得这件事是非常有意义和有乐趣的，愿意主动去做。

如果我们能持续做100天以上，就初步证明这个习惯已经养成了。一方面你证明了它的成效，另一方面你已经可以不用任何的力量来推动，能自然持续地去做了。

畅销书《高效能人士的七个习惯》的作者史蒂芬·柯维曾说，习惯是知识（做什么）、技能（如何做）和愿望（想做）的交叉点。

一旦我们运用慢系统，通过精心设计和时刻觉察，成功地培养了一个好习惯，让快系统能够轻松地自动运行起来，那些以前觉得很困难的任务，如每天运动、健康饮食、多阅读等，就会容易很多。

6.4 告别半途而废

问题思维与创造思维

我们用了很长的篇幅和很具体的步骤，一步步学会了设计习惯养成的方案，也许也能顺利养成一两个习惯。

但是，你也会担心，不知道什么时候自己又会因为各种各样的原因放弃，重新回到在拖延和自责中反复循环的日子。

这种担心绝不是空穴来风，我们都曾有过类似的经历。

明明坚持了一两百天的日复盘，有一天没做，突然就再也不想做了。花了三个月时间天天锻炼、吃减脂餐，偶然吃了一顿大餐，就再也不愿意吃鸡胸肉、生菜了。

那问题来了，你有没有认真思考过，为什么我们明明知道方法有用，甚至已经开始看到成果了，还是会在某一天突然放弃呢？

解答这个问题，需要了解两种完全不同的思维结构：问题思维和创造思维。

拥有这两种不同思维的人，在面对同样的情况时，会做出截然不同的选择，我们用减肥这件事来举例说明。

如果用问题思维减肥，会发生这样的情况：你不满意自己的体重，想减肥。决定开始控制饮食，加强运动，连续三天晚上不吃饭。到了第四天，你觉得自己已经瘦了，于是放开大吃了一顿，之后又觉得很后悔，第二天继续控制饮食，如此反复。结果减肥肯定没成功，对自己倒是越来越不自信了。

我们来分析一下问题思维的思考模式，先是因为自己的体重而感到焦虑，然后开始减肥。行动几天之后，人变瘦了一点，这就缓解了你的焦虑，让你放松了警惕，不由自主地停止了饮食管控，开始大吃大喝。这样的结果就是，没两天你又长胖了，又开始因为自己的体重感到焦虑。整个人就这样，一直处在从"鸡血"到"丧"不断循环的过程当中……

如果换成另外一种创造思维，同样是减肥，我们会怎么想，又会怎么做呢？

首先，创造思维会引导你，先承认自己现在的体重是60公斤，这是一个事实，没有好坏，你需要全心全意地接纳它。

然后，你心目中的理想体重是55公斤，为了达成这个目标，你接下来需要少食多餐，并且每日记录体重。因为非常渴望达成新的目标体重，所以你在饮食和运动时都会以实现这个目标为导向做出选择。

创造思维的结构只有两步，第一认清现实，第二计划愿景，然后根据现实和愿景之间的差距来制订计划，持续行动，直到现实和愿景保持一致。

除了减肥的例子，我们再举两个案例，加深一下理解。

现实是当前每两个月才看一本书，愿景是想要每周看一本书，计划就是从现在开始能够每天读书一小时。

现实是经常迟到，愿景是能够提前10分钟到公司，计划就是从今天开始每天早起30分钟。

不知道你有没有发现，问题思维跟创造思维，两种不同思维结构的差别在于，问题思维是被问题和焦虑所驱动的，充满了对自己的苛责和无力感，而创造思维是被目标和愿景驱动的，充满了对实现目标的信心和渴望。

前面担心自己养成习惯后，接下来不能持续践行的思维，就是典型的问题思维。在事情还没有发生的时候，就预设了一堆负面的假设，并且对自己毫无信心。

我们换用创造思维来看，这个问题应该怎么思考？

真好，我现在已经初步养成了好习惯，也制订了一套适合自己的习惯养成方案。接下来我要继续坚持下去，巩固这个好习惯，先从再行动一个7天开始。

怎么样？从问题思维转变为创造思维，是不是突然就不焦虑了，反而对接下来的落地践行充满信心和期待？

陈海贤老师在《了不起的我》这本书中说：人生是一个创造的过程，一个把我们心里钟爱的理念变成现实的过程，而不是解决问题的过程。

当然,这并不意味着我们不需要解决问题,但是解决问题不应该成为行动的动力,我们热爱的、想要实现的东西才是。

所以不要担心自己养成的习惯会中断,习惯养成本身只是一种手段,去做你想做的事,你会为了实现目标更好地坚持。即便真的停止了,重新开始就好了。

自己才是最重要的资源

到了这里,有关培养习惯的认知、思维、工具和方法我们已经都了解了。

那为什么习惯培养是这样的一个过程呢?其实有两个原理,能够很好地向我们展示习惯养成的过程。

第一是螺旋形上升。这个概念来自哲学,螺旋形上升的基本特点和特征,就是前进性、曲折性和周期性。也就是说事物发展总的方向和趋势,是由低级到高级、由简单到复杂的前进运动,但是前进的道路不是直线,而是迂回曲折的,会出现向出发点退行的现象。

说得通俗一点,就是我们在培养习惯的路上,进一步退两步,再进三步退一步,都是非常正常的。真正的学习、实践、坚持到最终拿到成果,都要经历这个曲折反复的过程。

按照列宁的说法就是,发展似乎是在重复以往的阶段,但它是以另一种方式重复,是在更高的基础上重复。翻译成大白话,就是虽然你很难意识到,但是你已经在进步了。

这也是为什么在养成习惯的过程中我们一定要持续记录,当你自身无法感受到潜移默化的量变时,对于量变的可视化记录,能够给你带来确定感，使你更愿意长期投入下去。

第二是狄德罗效应。狄德罗是法国著名的启蒙哲学家，他有一个非常有趣的经历。狄德罗很穷，但他有一个有钱的朋友。这个朋友送给他一件丝绒面料的高档睡衣，穿起来很漂亮。狄德罗自己对着镜子看的时候，觉得这件睡衣衬得自己很高贵，但当他穿着睡衣坐在家里的椅子上时，这把普通的椅子就显得破旧了，他于是换了一把更好的椅子，好配上这件华贵的睡袍。但当他穿着睡袍坐在新椅子上时，又发现家里其他的家具也很丑。就这样，一步步地发展下去，最终，狄德罗吃惊地发现，他需要再买一栋大房子。

从一件睡袍到一栋房子，改变就在不知不觉中产生了。所以生活中真正有效的那些大变革，开始时往往都是由一些小变量、小动作引发的。

这也是为什么我们讲行动力时，让大家先做5分钟。在设计福格行为模型时，也强调，微习惯一定要足够小，小到几乎没有任何阻力就能完成。这些"小启动"都是为后续的"大发展"做储备，是启动阶段必须做的事。

当然，即便已经掌握了这么多科学方法，真正去践行时，培养习惯也绝对不是一件特别容易的事。既然这么费劲，为什么我们还要坚持呢？

因为我们就是这个地球上最精妙最宝贵的资源之一，想想人类是多么神奇的生物，只吃一日三餐，就能够想出把人类送上月球的办法。正在阅读这本书的你，也一样是只吃一日三餐，就能把自己的生活、工作、家庭、人际关系等复杂的事情处理得井井有条，这是多么强大的能力。

所以，手握"自己"这个如此重要的资源，一定要用心管理和经营，培养好习惯，让自己的创造从量变到质变，帮助自己发挥出更大潜能。

加油，你一定比你想象的优秀得多。

本章小结　从微小行动开始，养成好习惯

什么是习惯，习惯就是和刷牙一样，轻松又自然，不做不舒服的事。

大脑中存在着依靠直觉的快系统和依靠思考的慢系统，这是两套截然不同又分工协作的思维系统。想要养成习惯，我们可以先用慢系统，认真思考，给自己量身制订并执行一套科学的习惯养成方法，直到熟练到可以由快系统直接执行。

不同的习惯培养需要不同的养成周期，行为习惯需要大约30天，身体习惯需要3个月以上，思考习惯需要6个月以上。

想要养成好习惯，我们可以用个人OKR中的短期目标O来替换福格行为模型中的动机，借用B=MAP的模型，以及人性的趋利避害来设计习惯养成方案，有效克服习惯养成的反抗期、不稳定期和倦怠期，直到习惯养成。

当想放弃的时候，检查一下自己是否存在问题思维，更好的方式是换成创造思维，认清现实，计划愿景，然后只关注如何行动来让现实和愿景保持一致。

落地作业：设计你的 30 天习惯养成计划

请你分析一下自己当前的目标里，哪个行为适合培养成习惯，并且结合福格模型以及习惯养成的方法，设计一个自己的习惯养成计划。

加餐小锦囊：常见的微习惯及奖励清单

1. 微习惯参考案例

早晨起床，睁开眼时，对自己说："今天也是美好的一天！"

早晨起床，站起身后，伸一个大大的懒腰。

刷完牙后，做2个深蹲动作。

走进厨房后，喝一大杯温水。

把包放在办公椅上的那一刻，拿起水杯去倒一杯水放在桌上。

吃完午餐后，拿出维生素来吃。

坐上交通工具后，打开学习软件。

出门散步时，打电话给家人。

晚上洗漱后，坐到桌前打开日复盘表格。

睡前准备上床的那一刻，拿起床头的书读2页。

2. 微庆祝参考案例

给自己一个大大的微笑。

给自己比个赞。

在纸上写下:"我很棒!"

双手举过头顶,开心地说:"Yes!"

给自己发送一个可爱的表情包。

带着笑意伸一个大大的懒腰。

对自己说:"干得好!"

给自己鼓掌!

站起来欢快地跳几下。

对自己说:"我就知道,你一定行!"

第7章

人生规划
成为自己的战略家

CHAPTER 7

7.1 做热爱又赚钱的事业

💡 人生是一段有限的时间

目前为止,我们一起探索了什么是自律,如何管理好自己的时间、精力,如何提升效率,如何制订并达成月度、季度乃至年度的目标,如何培养长期的好习惯,等等。

最后一章,我们将迎来一个非常艰难、总是在夜深人静时让我们陷入深思的问题:我这一生要如何度过?

为什么要把看起来最重要的问题,放在最后讨论呢?因为人生规划的跨度要远比时间管理、目标管理大得多,也因此要比管理好24小时、达成月度目标或者养成一个好习惯这样的问题复杂抽象得多。

如果没有通过时间管理和目标管理能力的培养,建立对当下生活状态和自身当前能力的觉察,直接上来就设定人生规划,很容易脱离实际情况,完全无法落地。

那么,在知道了自己一天24小时能做完多少事,以及一个月能实现多少目标之后,我们便可以开始尝试探索人生这个更大也更沉重的课题了。

大约在六七岁的年纪,我们开始意识到"死亡"这件事的存在。此后,对于这个生命终点的恐惧会萦绕我们的一生。

我们每天挂在嘴边的"Deadline",就是"死亡期限"这个概念的直译。所谓"Deadline是第一生产力",在最后期限逼近的时候,我们体会到的就是由死亡焦虑带来的压力。

有趣的是,人们如此惧怕死亡,却很少思考和讨论死亡。大家更愿意投身于忙碌的日常生活,来逃避对于人生终局的思考。

但死亡本身是客观存在的,是一切生命的最终归宿。当我们意识到人生不过是一段有限的时间时,我们就必须正视死亡这个终点,并以此来开启对于人生意义和活法的探索。

那么,我们这一生到底有多少时间呢?

《百岁人生》这本书,以人的寿命为基础,描述了一个百岁寿命和多段人生的未来。

书中提到,数据显示,人类的平均寿命从工业化以后一直在增加,西方国家的预期寿命,从1850年的45岁,上升到了2000年的85岁,平均每10年就增长了2~3岁。基于此预测如下:

1967年出生的人可能活到92~96岁;

1977年出生的人可能活到95~96岁;

1987年出生的人可能活到99~100岁;

1997年出生的人有50%的概率活到101~102岁;

2007出生的孩子有50%的概率活到104岁。

在中国,人们越来越长寿这一人口特征也非常明显。1949~1957年间,我国的人均寿命为35岁。2022年数据显示,我国人均寿命已达76.53岁,其中男性人均寿命73.64岁、女性人均寿命79.43岁。

结合自己的性别和平均寿命的数据,我们大致知道了自己人生长度的上限。

然而,平均寿命只是一个参考指标,还有一组数据也需要引起我们的重视。数据统计表明,大约1/5的人会死于意外,1/5的人死于疾病，最后3/5非常幸运的人，才有机会自然衰老，寿终正寝。

意外和疾病的可能性，决定了我们人生长度的下限。人生，就是一段如此有限的时光。

历史学家许倬云老先生就曾在接受采访时说："我的历史观，个人的地位最小，最短的是人，比人稍微长一点的是政治，比政治稍微长一点的是经济，比经济稍微长一点的是社会，时段最长的是文化，更长的是自然。"

对人生的长度有了概念后，我尝试以传统的视角将100年的人生分为5个阶段。

0~20岁，成长期，快速学习，好奇心旺盛；

20~40岁，成长期，社会实践，精力旺盛；

40~60岁，成熟期，深耕专业，具备一定影响力；

60~80岁，沉淀期，指导他人，梳理成果；

80~100岁，衰退期，享受生活，休养生息。

然而，如果人类的平均寿命真的能达到100岁，人生阶段将会发生全新的变化。

人生规划变成了一个更加具体的问题，我们该如何活出有质量、有意义且有限的一生呢？

💡 选择热爱的事业还是赚钱的事业

有质量的一生对客观经济实力提出了要求，有意义的一生则更多来自个人的主观感受。

由此衍生出一个新的问题：选择事业时，到底应该选择热爱的还是赚钱的？

我们使用"热爱"和"赚钱"代表工作中最重要的两个考虑要

素,把热爱从低到高作为Y轴,赚钱从低到高作为X轴,就可以得到图7-1所示的四象限矩阵。

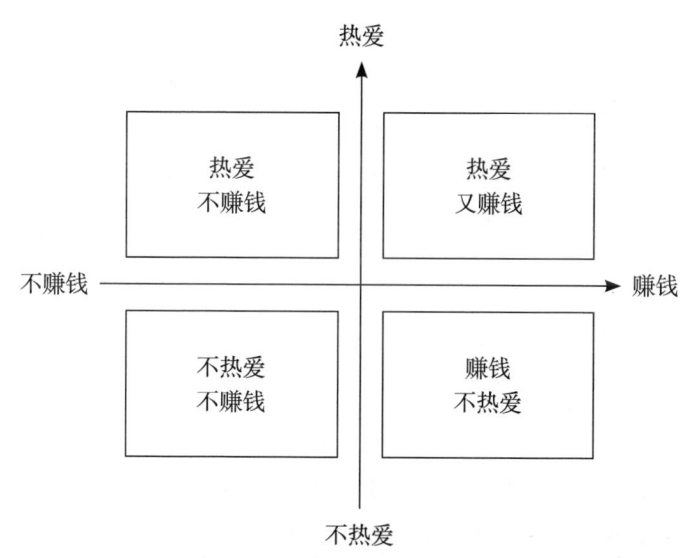

```
                       热爱
                        ↑
           ┌──────────┐ │ ┌──────────┐
           │   热爱   │ │ │   热爱   │
           │  不赚钱  │ │ │  又赚钱  │
           └──────────┘ │ └──────────┘
                        │
 不赚钱 ─────────────────┼─────────────────→ 赚钱
                        │
           ┌──────────┐ │ ┌──────────┐
           │  不热爱  │ │ │   赚钱   │
           │  不赚钱  │ │ │  不热爱  │
           └──────────┘ │ └──────────┘
                        │
                      不热爱
```

图7-1 由"热爱"和"赚钱"要素划分的工作类型矩阵图

最理想的工作当然在第一象限,既热爱又赚钱。最糟糕的则是第三象限,不热爱又不赚钱。

相对来说,我们这一代人在职业选择上有空前的自主性。所以,只要想改善自己的事业状况,愿意做出努力,绝大部分人都不会一生困在一份既不喜欢又不赚钱的工作里。

同样的,上来就能找到一份热爱又赚钱的事业的幸运儿,也是人群中的极少数。

那么,当我们正在从事一份不热爱但赚钱,或者热爱但不赚钱,甚至不热爱也不赚钱的工作时,我们该如何做出下一步的选择呢?

这里我们要引入行为科学家弗雷德里克·赫茨伯格的"二因

论",赫茨伯格把激励人们工作的因素分为两种:基础因素和动力因素。

之所以人们很难在"热爱"和"赚钱"中做出二选一的选择,就是因为这两个目的分别对应着不同的动力因素。"赚钱"属于基础因素,因为任何一个成年人都需要拥有独立赚钱的能力,才能在这个社会中生存下去。而"热爱"则属于动力因素,也就是在赚钱的基础上,越热爱,把事业做好的动力就越足,就越容易在竞争中取得优势。

也就是说,一个人所从事的事业,首先要能保证基础的赚钱需求,在此基础上,越热爱越好。

结合"二因论",我们再来看刚才的四象限。处于第四象限,也就是"不热爱但赚钱"状态的人们,想要进一步发展自己的事业,要么继续探索,找一份热爱又赚钱的工作,要么挖掘当前事业的乐趣,想办法爱上自己正在做的事。

乔布斯曾经说过:"唯一让人有工作满足感的方法,就是从事你认为伟大的工作,而通向伟大工作的唯一方法就是爱上所从事的工作。"

卡尔·纽波特在《优秀到不能被忽视》一书中也告诫寻找事业的年轻人,不要追随你的激情。因为任何一份职业都不是完美的,演员有大量的时间在路上奔波,电竞选手通常有很严重的颈椎、腰椎以及手部腱鞘的健康问题,电影剧本的创作者容易压力大到失眠,律师在开庭前经常需要一天工作十四五个小时……

比起去追寻未被验证的激情和热爱,通过逐步做好甚至精通当前的事业,我们也能获得成就感和满足感,从而一步步培养出对工作的激情,把"不热爱但赚钱"的工作转变成"热爱且赚钱的工作"。

　　工作状态处于第二象限"热爱但不赚钱"的人们,其实还可以进一步细分为两类群体,一类是本身就没有什么经济压力,工作只是为了自我实现。

　　德国著名哲学家亚瑟·叔本华就是典型的例子,他出生于家境殷实的商人家庭,一生锦衣玉食,无须为生活奔波。年轻时的叔本华在柏林学习期间,对哲学产生了浓厚的兴趣,此后他便投入了一生的时间,研究和提出了自己的哲学体系。在叔本华去世前十年,才终于以《作为意志和表象的世界》一书震惊整个欧洲,获得了世界级哲学家的声望。

　　从客观角度看,叔本华无疑是幸运的。他无须面对"赚钱"和"热爱"的两难选择,只专注于自己一心追求的理想是否能实现。

　　而现实中,更多的普通人面对的其实是第二种情况:自己热爱的事业不赚钱,精神上虽然满足了,生活中却处处捉襟见肘,不敢生病,也没办法提升家人的生活质量。北漂从事文艺工作的年轻人,经营不善苦苦支撑着的咖啡店、花店的老板们,都属于这一类人。

　　所以,究竟是选择"热爱"的工作还是"赚钱"的工作,是一个难度远超二选一的复杂问题。

　　要想真正实现做热爱又赚钱的事业的梦想,我们需要综合自己的个人优势、过往的专业积累、所在行业的发展趋势、对未来生活的畅想等诸多因素进行人生规划,并在践行的过程中把握重点,动态调整。

　　通往理想人生状态的路并不好走,在决定从事什么样的事业,如何规划自己的人生时,我们可以学习和借鉴已有的理论和前人思考问题的思路，但最终，还是要自己做出选择并接受结果。

💡 描绘你的人生蓝图

人生的长度如此有限，通往理想人生的道路又混沌不清，人难免就会产生抑郁烦闷的情绪。

现在很多人的焦虑，就在于没有花时间探索自己的人生战略，遇到具体问题的时候，既不确定自己的内心意愿，也不知道如何面对充满不确定性的外部环境，只能陷入决策的两难困境，例如：

要不要读研？

要不要换工作？

要不要在大城市发展？

这些看似相互独立的问题，都有一个共同的底层逻辑：你可以询问很多意见和建议，但最后只能由自己做出选择并接受结果，因为这是你作为自己人生CEO的义务和责任。

而这些问题背后，则是面向人生的更宏大也更关键的问题：

这是我想要的人生吗？

如果不是的话，我想活出怎样的人生呢？

我要选择什么事业？

我要成为什么样的人？

到底应该怎样活，才能无悔地过一生？

这些问题也曾困扰我许久，在查阅和学习了许多书籍、理论、工具，并与自己的实际经历结合后，我画出了图7-2这幅人生蓝图。

图7-2 人生蓝图

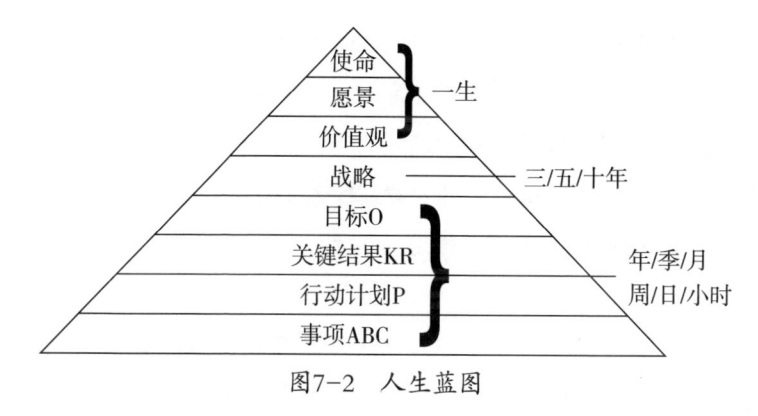

人生蓝图以金字塔为原型，下半部分是我们在目标管理章节已经系统学习过，非常熟悉的目标O、关键结果KR、行动计划P以及每日的事项ABC，它们代表了年度、季度或者月度目标拆解和落地的过程。

上半部分是个人的使命、愿景、价值观，即我们能为这个世界创造什么样的价值，最终实现怎样的理想图景，以及我们通过什么样的方式来创造价值。

一生的愿景使命和当下正在做的事，中间由三、五、十年的战略进行连接和过渡。

如此一来，通过绘制人生蓝图来规划人生，就是找到自己这一生的使命、愿景和价值观，并推导出自己的三年、五年、十年人生战略，再进一步通过年度目标，一步一步落实到我们每天的日常工作和生活中。这样就能在一定程度上保证，在有限的一生里，我们每天做的都是想做的事情，都在让我们成为想要成为的人。

使命、愿景、价值观这三个词，常见于企业管理领域，平时我们的生活中很少碰到。但在思考如何规划人生这一课题时，就能直观地发现，使命、愿景和价值观正好对应着人一生中不得不想的三个问题。

使命的含义是，你将如何使用自己的生命，你的生命意义是什么？如果一生只能做一件事，你希望这件事是什么？

愿景是在探寻，你的梦想是什么？你希望这一生拥有什么样的成就？在人生的终点处，你想要看到什么样的画面？

价值观指的是，你的人生信条是什么？或者说你坚守的行为准则是什么？

此刻也许你的大脑一片空白，根本不知道该如何回答这几个问题。这些问题超出了柴米油盐的日常生活，迫使我们站在人生的终局，去思考要如何度过这一生。而通过人生蓝图我们已经意识到，对于美好未来的想象，不能再是脱离实际的空想，必须落实到每日的行为中。

既然我们在探索人生的终极目标，那不如从当下开始。问问自己，我是谁？我现在在哪？我想要去哪里？

要想探索这三个问题的答案，也不是那么容易，不过不用担心，一切都有迹可循，只需要一套系统的逻辑、路径、工具和方法。

接下来，本章的后三节，我将带你一步步挖掘和探索，直到描绘出你当前阶段适用的人生蓝图。

7.2

打造独特优势

💡 放下固定的自我，追寻可能的自我

距今三千多年前，在古希腊的德尔菲神庙里，就刻着一句著名

的神谕：认识你自己。中国古代兵法大师孙子也说：知己知彼，百战百胜。

从古至今，认识自己都是一个人一生中最重要的课题之一，对自我的了解能帮助我们直面人生的重大选择，找到自己的动力和优势，过上充实而有意义的人生。

但在认识自我之前，我们需要厘清一个事实，那就是所谓固定的自我，实际上是不存在的。

很多时候我们谈论认识自己时，都会使用"挖掘"这个词汇，好像我们的自我是一个完整的雕塑，只需要挥挥铲子，就能从土里将其挖出来似的。

生活中，我们也常听到很多人给自己下定义：我是一个很内向的人，我是一个有拖延症的人，我是一个脾气不好的人。他们在说这些话时，语气也往往非常笃定，好像对自己的一切都了如指掌。

但在这里，我想和你分享斯坦福大学心理学专家黑兹尔·马库斯（Hazel Markus）提出的概念：可能的自我（possible selves）。

也就是说，并不存在一个固定的、容易被识别和定义的自我，每个人的自我组成都非常复杂，且在持续变化中。

马库斯将可能的自我分成了三类，分别是希望我、预期我和恐惧我。希望我，顾名思义，就是希望自己能够成为的自己。预期我，就是预期自己能实现的自我。恐惧我，是指害怕自己成为什么样的人或自我。

通过传统的自我探寻方式，比如回顾过往经历、做性格测评和询问他人对自己的评价，我们可以了解到一个"真实的自我"，也就是了解基于过去的自己是什么样的。

但当我们不满足于现状，想要成为更好的自己时，仅仅知道这些是完全不够的。

这也能够解释一个现象，我们普遍知道自己不喜欢什么，比如厌恶重复枯燥的工作内容，希望远离办公室政治，鄙夷推卸责任的同事和上司，苦恼于工作和生活无法平衡。但若被问到"你喜欢什么"，或者"你想要活出怎样的人生"时，我们也很难答得出来。我们无法根据对过往经历的反思，直接得出下一步的人生规划。

所以，认清"没有固定的自我，自我是在不断的动态发展过程中的"这一事实之后，我们可以按照时间线，将过去的自我归为"真实的自我"，将现在与未来的自我归为"可能的自我"。

那么自我发展的过程，就不是挖掘"真实的自我"和独特优势，而是在动态的探索和试错过程中，发展"可能的自我"和打造自己的独特优势。

这并不是说了解过去的自己就不重要了，而是说我们除了复盘过往之外，更重要的是把注意力放在对自我发展可能性的探索上。

我们可以先结合自己过去的行为和经历，对当前真实的自我做一个大致评估，再通过持续的构想、测试和检验，一步步发展出接近自己期望状态的可能的自我。

这里要注意的是，发展自我是一个漫长的、非线性前进的过程。我们的自我会变化，新旧自我之间会发生激烈的冲突，遇到的问题和外部环境也会不断更新。

放弃一劳永逸地规划人生，甚至直接成为理想的自己的想法，把持续到生命尽头的自我探索和自我发展看作人生的常态。有了这样的心态，我们才能不断拓展自我的边界，无限趋近于自己理想中的自我。

💡 复盘过往,了解真实的自我

常言道,想要了解一个人,不要看他说了什么,要看他做了什么。

这种做法同样适用于我们了解过去的自己,即"真实的自我"。我们也许做过很多计划,许下了很多承诺,但只有时间流逝后,我们实际做出的行动,才能真正帮助我们洞察自己的内心。

这里特别要说明的是,"真实的自我"里的"真实",只是代表我们所能探索到的部分,实际的自我远比这要复杂得多。为了更好地帮助大家理解,我们用"真实的自我"来指代能够被抽象出来并进一步理解的这部分自我。

探索真实自我的第一步,我们可以像考古学家一样,用探究的眼光审视过去的自己。考古学家的工作方式,不是评价自己看到了什么,而是尝试去描述和理解。

同样的,我们也可以沿着时间的轨迹,将过往人生中发生的一切整理成详细的人生清单,回顾一下:

你过往人生中做过的最重要的决策是什么?

最令你骄傲的一件事是什么?

最令你沮丧的一件事是什么?

你做哪件事的时候心情最愉快,精力最充沛?

你遇到什么挑战会摩拳擦掌,跃跃欲试?

这些独一无二的经历和体验,就是你作为独特个体的关键组成部分,你会在这个过程中觉察到自己的喜好、价值观、对某事的态度,更加了解自己。

我的一位工程师朋友,就是在做人生复盘时,发现自己内心始终热爱着绘画，于是重新拿起了画笔，开始每日练习一幅插画，已坚持了五年。她还在业余参加了系统培训，开始利用周末时间从事纹身师的工作。

我自己也是通过复盘，找到了人生发展的大方向。虽然2012年我就开始了每年的年度计划与复盘，但直到2020年初，我才第一次尝试通过全面复盘了解了自己。我找了一张纸，把自己从小到大所有的人生经历都罗列了出来，并从中发现了一条发展主线：

两岁半，开始读杂志；

学生时代，热爱阅读和写作；

2012年，大学二年级期间，开始自学和实践自我管理；

2012年8月8日，创办《NOW主义》的电子杂志，向大学生群体科普自我管理知识，通过邮件订阅的人数达400余人；

2015年8月13日，开通了NOW主义公众号，输出自我管理相关的文章内容；

2017年，在企业管理教育公司就职期间，以自我管理内训师的身份，给各行各业的从业者做自我管理主题内训；

2020年2月，居家隔离期间，很多人找到我，希望我能够带领着大家一起做自我管理。从这里，我开启了NOW主义的在线教育之旅。

在这一系列的事件中，阅读、写作、授课和自我管理这几件事贯穿始终。这次的梳理，也让我坚定地走上了高效能教练的道路。

心理学中有个理论叫自我决定论，讲人有三种基本心理需求，分别是自主、能力和归属。也就是说，当你在工作和生活中体会到我愿意、我能行的感受，并且可以获得所属团体的支持和尊重时，你就能更加主动、积极和愉快地投入其中。

在做人生复盘时，你可以找一找，你愿意做、擅长做，或者现在还不是很擅长，但是愿意投入时间和精力来学习的事。如果这件事还能给你带来成就感和价值感，这很可能就是你的优势所在。

在个人的价值观方面，我梳理出了自己发自内心认可的四个价值观，并写出了行动的方法，以此作为自己行事的准则。

觉知清醒，保持觉知、向内探寻，坦诚透明，为自己负责。

以行践言，不断地梳理自己的价值观和认知，并以行动来证明。

终身成长，最好的方法是实践，最快的办法是输入加输出。

拥抱变化，快速行动，快速迭代，保持开放，不论成败，皆为所得。

以人为镜，映射未知的自我

通过对自己过往经历和个人价值观的梳理，我完成了对自己的初步了解。接下来，我开始收集身边人的评价，做一些性格测评，通过外部的反馈，来进一步了解自己。

"乔哈里视窗"是一个常常被用于自我认知的心理学工具，它将我们对自我的认知分成了四个象限，如图7-3所示。

第一象限是公开区，别人知道，你也知道，比如你的姓名、工作等。第二象限是隐藏区，代表一些只有你自己知道，别人不知道的事。第三象限是未知区，别人不知道，自己也不知道。第四象限是盲目区，是自己不知道、别人却可能知道的盲点。例如通过你的言行所表现出来的性格、习惯，以及你的某些处事方式，别人对你的一些感受，等等。

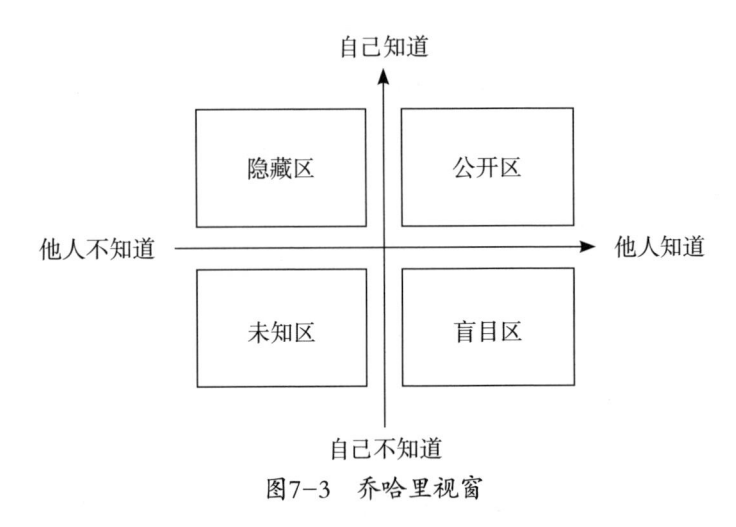

```
           自己知道
             ↑
    ┌──────┐   ┌──────┐
    │ 隐藏区 │   │ 公开区 │
    └──────┘   └──────┘
他人不知道 ─────────────→ 他人知道
    ┌──────┐   ┌──────┐
    │ 未知区 │   │ 盲目区 │
    └──────┘   └──────┘
             ↓
           自己不知道
```

图7-3　乔哈里视窗

我们可以通过人生复盘梳理自己的已知部分，也就是公开区和隐藏区的自我，而寻求他人评价和反馈则能帮助我们了解盲目区的自我。

具体的做法是，约几个身边熟悉的人，和自己的好友、工作中关系较好的领导和同事，请他们谈谈他们眼中的你是什么样的人。也可以发条朋友圈，请大家用三个关键词描述一下自己给他们的感觉。

在聆听他人反馈的过程中，注意先准备好开放的心态。如果他人对你的描述和你对自己的感知有出入，甚至对你提出一些改进建议时，你可以先接纳，听听他们的分析和理由，再看看对自己是否有启发和帮助。

在我收到的评价当中，出现次数最多的是自律、爱学习和活泼开朗。这也为我之后走上自我管理教育之路，埋下了小小的种子。

通过他人反馈，我们看见了盲目区的自己，但乔哈里视窗中的未知区，就是别人不知道，我们也不知道的区域，如何做进一步的探索呢？越是这样未被开发的区域，就越可能潜藏着我们自己都没有意识到的巨大优势。彼得·德鲁克就曾说过，我们都觉得很清楚自己的优势，但我们都错了，就像鱼不知道自己会游泳一样。

这个时候，我们就要借助一些经典的自我测评了。现在大家做得比较多的测评，有大五人格测试、MBTI性格测试、盖洛普优势识别器、DISC性格测评以及霍兰德职业兴趣测试等。

做测试能够帮助我们快速获得一些有效的定位和参考，但在做测试时，一定要注意以下几点，才能保证测试的结果真正为你所用。

一是真实坦诚，做任何测试，都要选择那个能反映你当前情况的选择，而不是你理想状态的选择。

二是定期测试，正如我们前面所说，自我是在不断变化和发展的，所以按照半年一次，或者一年一次的频率来测试，可以更好地观察到自我的变化趋势，获得指导下一步行动的反馈。

三是仅作参考，我们讲过自我是非常复杂的，任何测试都无法反馈出全面真实的自我。面对测试的正确态度，是把每一类测试都当成一面镜子，用尽可能多的测评进行交叉验证，映照出尽可能完整的自己。不能完全偏信某一个测评结果，或者过度迷恋研究测评结果，本末倒置。

我个人在使用这些性格测评时，并不会单独深入琢磨某一个测评的结果，而是默认它们都只能反馈出一部分的自我，在此基础上，我将测评出的所有优劣势放在一起，进行了整体梳理。

我的优势是逻辑性强，善于计划，执行力强，精力充沛，善于学习，说服力强，实用主义，非常独立，凡事追求完美，情绪比较稳定。但相对应的，我的劣势是喜欢控制和支配，对自己和周围的人都有较高的标准，同理心较弱，容易固执己见，不喜欢社交和融入集体，容易依赖经验做判断。

仔细对比就能发现，这里的优劣势，大多是一个特点的正反两面。比如，非常独立和不喜欢社交，完美主义和对周围的人有较高的标准。

通过复盘过往经历、收集他人评价以及做性格测评的方式，我们已经对自我当中代表过去的"真实的自我"有了一个大致的了解，也就为接下来的持续探索和发展出更理想的自我，做好了基础的铺垫。

7.3

做顺势而为的聪明人

💡 我们生活在怎样的世界

通过对自我的探索，我们初步回答了"我是谁"这个问题。接下来，我们来看看，如何判断"我现在在哪里"。

平时我们埋头于繁忙的工作和生活，常常忘记自己只是这个地球上80亿人口中的一个，也很难感受到个人生活如何与宏大的历史叙事联系在一起。为了从一个更广阔的视野看待我们的定位，接下来我将邀请你一起，从时间和空间两个维度，进行一次穿梭之旅，感知我们身处的是一个怎样的世界。

大约135亿年前，宇宙大爆炸，产生了物质、能量、时间、空间；30万年后，物质和能量开始形成原子，原子进一步构成了分子。所以今天你在地球上看到的所有事物，都有共同的源头。

距今约46亿年，地球形成了，上面的一些分子逐渐构成了更复杂的有机体，我们称之为"生命"。距今300万~400万年间，人类出现了，其中一种叫作"智人"的物种，在距今3万~7万年间，开始了交流和思考。距今约1万年前，农业革命开始，距今7000年左右，人类文明开始出现。过去500年间，科学推动人类社会飞速发展，先后经历了蒸汽时代、电力时代和信息时代。

现在，相信你也感受到了，我们正在进入一个万物互联的智能时代。我们每日不离手的智能手机，真正普及开来不过十余年。未来20年最伟大的公司，也许还没诞生。

感受了时空穿越，接下来，请和我一起飞到高空，鸟瞰此时此刻的这个世界。

不同的经济体在频繁地互动和交流，每个行业的产业链都在快速升级和迭代，每家公司都在找寻自己的市场定位，数以几十亿计的职场人士在其中穿梭。

人类是最善于发挥群体智慧和分工协作的族群，人类文明的发展史就是每个个体都追求更好的生活，所涌现出来的强大的群体力量。

你我都身在这复杂的协作网络中，我们探寻自己的定位，做出人生规划，就是要决定选择哪个经济体，进入哪个行业，在职业生涯的每个阶段从事什么样的工作，以便充分发挥自己的优势，取得成就和回报。

短短几百字，我们已经从时间和空间的两个维度，从历史纵深和地理分布的双重视角，感受到了自己的人生与真实世界的关系。

我们真的生活在人类社会空前繁荣的阶段，现在所有习以为常的一切，都经历了人类社会漫长的势能积累。

甚至我们的所思所想和所言所行，我们所强调的自己或他人的三观，即世界观、价值观、人生观，也是这股势能的产物。同样的，我们也用自己的行为和思考，反过来塑造着新的文明。

我们是生命的拥有者，这个世界短暂的停留者，地球自然生态的共享者，人类物质文化财富的继承者，历史的参与者。而最重要的角色便是，价值的创造者。我们做人生规划的首要目的，就是在这充满机会的时代，顺着社会发展的大趋势，找寻适合自己的创造价值的方式，活出自己的理想人生。

💡 点线面体定位法

在了解了宏观大背景后，现在我们将视野进一步收敛，尝试找到自己当前的定位。

对于如何找到定位，战略专家曾鸣教授提出了一个非常简洁的思考模型，叫作点线面体。

从个人的发展定位出发，所谓点、线、面、体，我们可以分别看作个人、企业、平台或生态型企业和经济体。四个要素当中，个人力量最弱，所以是一个点。能够将不同岗位的人整合在一起协同工作的企业是线。平台或生态型企业能将不同企业链接在一起形成面。不同面之间产生密切而复杂的联系，共同组成了该领域的经济体。

在现实生活中，点、线、面、体四个层次，分别对应着由低到高不同维度的竞争。且其中能通过自我管理提升的仅有个人这个点，其他的从企业到平台到经济体，我们只能顺应发展趋势，做出适合自己的选择。

假设两个能力完全相同的人，一个进入了朝阳行业中一家飞速发展的公司，另一个进入了一家夕阳行业中即将破产的公司，在可以预见的未来，两个人的事业发展将走向完全相反的方向。一个轻松升职加薪，甚至早早就实现了百万年薪，而另一个几年后要重新投递简历，从基层做起。无论个人怎么努力，一旦选错了线面体，都会成为无用功。

所以对于个人发展而言，做好自我管理当然重要，但更重要的是学会顺势而为。

运用点线面体找自己的定位时，我们可以先将自己当前的状况填写进去，再对应看，点线面体分别面对着什么样的竞争格局。

以我个人的事业发展为例，2015年我大学毕业后，进入了一家企业管理教育公司，从事销售管理的工作。这项工作的主要内容，是面向全公司的销售人员，对他们的销售订单进行录入和审核，虽然叫作销售管理，但实际上是一份后勤工作。

很明显此时这个点，在由销售驱动的公司业务线上，处于一个含金量低、可替代性很强的位置。那时的我，虽然还没接触过点线面体定位法，但能很明显地感觉到，销售管理只是在维持系统运转，几乎没有升职空间。要想获得进一步的事业发展，必须进入核心业务也就是销售团队。于是在入职半年后，我果断转岗成为一名一线的销售人员。

从边缘点到核心点的转化带来的收益非常明显，一方面同样的工作时间，收入翻了几倍，另一方面工作中接触的人，也从人事、财务人员，变成了销售总监、销售总经理以及各行各业的企业老板和高管。

销售工作逐步上手后,我眼前出现了两条不同的晋升路线,一条是走专家线,成为专业的培训讲师,另一条是走管理线,先成为销售总监再到拥有自己的独立分公司。

那时我已经开始以自我管理内训师的身份,进入客户企业交付内训课程,也在公司内部的比赛中获得了最佳内训师的荣誉称号。我发现在自己的工作内容中,相比于销售,我个人更倾向于授课。

但是,当我对照着公司的组织架构表,上下检视了一番后,我发现在这家公司也就是在这条线上,想要成为核心讲师,必须具备十五年以上在大型企业从事管理工作的经验,这对于当时的我是不可想象的。这也就意味着,如果继续在这家公司工作,未来可见的至少十年时间里,我无法真正走上讲师岗位。

当发现自己这个点,无法在所在的线上获得核心资源支持时,我跳槽到了一家创业一年的面向企业家的演讲教育公司。在这里,我可以一边从事BD(业务拓展)经理的工作,一边兼职演讲教练,可以说我讲课的能力,终于在这里得到了资源支持和发挥的空间。

这时点和线适配了,但线本身又面临新的问题。其所在的赛道"CEO演讲"是一个非常细分的领域,把所有竞争者的市场份额加在一起,也只是原来我所在企业管理教育行业的零头。同时公司本身的创立理念,也更多基于创始人的初心而非响应市场需求。

所以在工作一年,同时我的线上教育事业也逐步发展起来后,基于对线上教育成人非学历教育的发展趋势,以及成人自我提升需求的判断,我选择了辞职创业。于是点线面体的格局变成了我、我创办的自我管理品牌NOW主义、我的公司所在的个人成长赛道以及成人非学历教育行业。

从一线的销售人员，到公司的最佳内训师，再到演讲教练、自我管理品牌的创始人。我的职业变迁道路背后，是我对线、面、体的一次次判断和选择。

作为一个点，我们的时间、精力、金钱资源都十分有限。所以人生的选择远比努力重要，不能被点的选择局限住，一定要找到那个能放大我们势能的线、面、体，才能将个体的收益最大化。

💡 Ikigai：找寻生命价值的极简方式

现在我们知道了，点线面体定位法，能够帮助我们找到那个最大化个体利益的选择。但你看完我的职业变迁之路后，也许会有一个新的疑问，即如何才能像我选择成为培训讲师一样，找到自己作为点最容易被放大的优势呢？

还记得我们在本章第一节里讨论过的"做热爱的事还是赚钱的事"的话题吗？对应点线面体的思维模型，其实线面体的选择主要影响的是"是否赚钱"，而点的选择更多影响的是"是否热爱"。

日语里有个概念，叫作"ikigai"，意思是知道自己的目标是什么，知道自己每天为什么事而醒来，是一个可以用来帮助我们寻找生命价值的方法。

这个方法很简单，一共只有四步：

第一步：写出自己喜欢的事，找到自己内心的愉悦点。

第二步：写出自己擅长的事，探寻自己的天赋和努力。

第三步：写出世界需要的事，放大我们所做事情的意义。

第四步：写出他人会付钱请我们做的事，确认创造的价值可以被交换。

从第一步到第四步，就是一个人从发现自我，到逐步和世界联

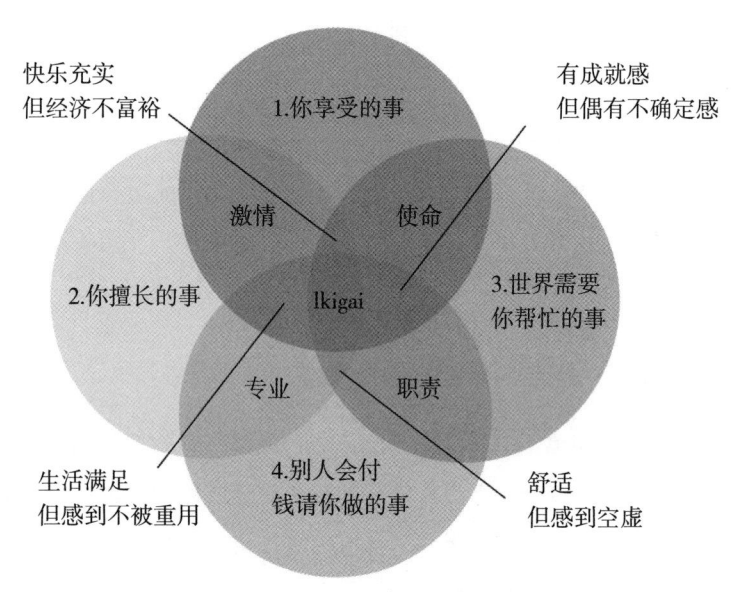

图7-4　Ikigai生命价值探索图

结的必经之路，而四者交集之处就是我们的生命价值，即ikigai。

以我为例，结合在深入了解自己时做的经历复盘、性格测评以及他人的评价，我首先梳理出了自己享受的事，并从中筛选出了有可能进一步为他人创造价值的事，比如终身成长、梳理逻辑框架、做工作生活计划、表达、写作等。

在此基础上，通过过往的实践成果，我判断自己擅长快速学习、将复杂知识抽象出简易逻辑、搭建自我管理体系以及演讲。

进一步，从各大平台网站上搜集到人们对于个人提升和自我管理的普遍需求，比如如何规划人生、如何管理好时间、如何平衡工作与生活、如何更高效、如何保持精力等。

最后，盘点别人会付钱请我做的事，包括内训授课和演讲辅导。此外，我业余也会通过帮助企业做PPT赚取副业收入，我从2015

年开始一直经营的公众号也是收入的来源之一。

把我享受的、擅长的、世界需要的以及别人会付钱请我做的事全部罗列出来后,取其中的交集时,我发现我可以把自己擅长的自我管理和演讲结合起来,以培训师的身份帮助更多人提升自我管理能力。这样我既能赚取收入,也能用热爱实现个人价值,这不就是一份既热爱又赚钱的事业嘛。

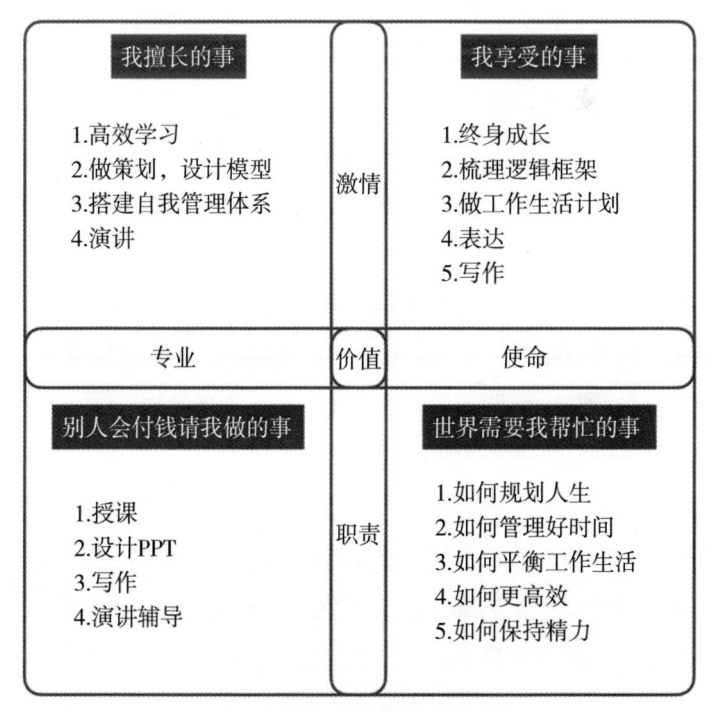

我擅长的事	激情	我享受的事
1.高效学习 2.做策划,设计模型 3.搭建自我管理体系 4.演讲		1.终身成长 2.梳理逻辑框架 3.做工作生活计划 4.表达 5.写作
专业	价值	使命
别人会付钱请我做的事	职责	世界需要我帮忙的事
1.授课 2.设计PPT 3.写作 4.演讲辅导		1.如何规划人生 2.如何管理好时间 3.如何平衡工作生活 4.如何更高效 5.如何保持精力

图7-5 Ikigai生命价值探索表

借助ikigai的探寻生命意义的极简四步法,我明确了自己的热情所在和事业发展方向,相信它也一定能给你很大的启发。

7.4

制订自己的人生战略

💡 人生战略是每个人的必需品

知道了自己是谁，当下的位置在哪里，接下来我们需要回答第三个问题：我想要去哪里？

战略咨询专家王志纲，给想要制订人生战略的人分享了一个思考模型：人生战略三问。通过三个问题来厘清战略方向，清晰简洁，直击重点。

第一个问题有关才能：你是自用之才还是被用之才？你的判断依据是？所谓自用之才就是自己开辟一个项目，招募他人来加入，实现自己的梦想。所谓被用之才，就是要被伯乐发现，加入他人建立的项目，一起实现组织的梦想。

第二个问题有关趋势：你的小趋势是什么？时代的大趋势是什么？所谓小趋势，就是指我们所在行业周遭的环境正在发生什么样的变化，时代的大趋势就是这个时代发展的浪潮。

第三个问题有关战略：什么是正确的事？如何正确地做事？使命就是正确的事，正确地做事就是结合人生蓝图，将达成使命需要做的事，一步步拆解到每天的行动中。

继续以我个人的事业发展为例，结合人生战略三问，我对我的人生战略进行了思考。从才能上来说，我初步判断自己是自用之才，理由是我有较强的自驱力、学习力、逻辑思维能力以及执行力。再看趋势，我所在的在线教育行业的小趋势是视频和直播，时代的大趋势是共同富裕、个体幸福的关注度升高。从战略层面上看，我当前应该做的正确的事，是树立自己的个人IP。如何正确地做这件事，就是要深耕我的专业知识和内容，并寻求更多合作和链接的机会。

至此，综合前述层层深入地对个人优势、价值观、当前定位以及人生战略的思考，我选择了自己创业，进入的赛道是成人非学历教育当中的自我管理教育。

这时回头来看，我的使命、愿景和价值观就非常清晰了，使命是帮助更多人活出精彩丰盛的一生，愿景是成为世界级的自我发展教育专家，价值观是觉知清醒、以行践言、拥抱变化、终身成长。

为了落地我们的使命、愿景、价值观，还需要将它们收敛为三年、五年、十年的人生战略。很多人一听到"战略"就觉得这个词特别大，一定是有雄才大略的人才会思考的问题。但事实上，王志纲老师特别强调，战略并不是少数人的奢侈品，而是每个人的必需品。因为"战"是做什么，"略"是不做什么。只有想清楚自己的人生战略，我们才能够在每一个人生的重大决策面前，做出具有前后一致性的选择。不至于每走一步都左顾右盼，做完选择后又心生后悔。

做三年、五年、十年战略的时候，要优先考虑事业、家庭和财富三大板块。事业包括行业、公司、职位、工作内容、薪酬收入、获得的荣誉称号等。家庭涉及我们定居在什么城市、婚育状况、家里长辈的状况。财富主要包括现金资产、固定资产投资、理财等。

在制订的时候，我们可以先从10年战略开始，然后逐步收敛。

继续以我为案例。10年后，我39岁，定居上海，每年带全家出国旅游1~2次。事业方面，过去10年当中我累计服务学员超过10

万人，积累了稳定的客户群体，有很棒的团队持续运营，而我自己可以主要专注在感兴趣的知识和体验上，并且持续输出有价值的内容，帮助更多的人实现自我发展。

倒推下来，5年后，我34岁，已婚，有两个孩子。NOW主义是中国自我管理行业领先企业，有稳定的现金流，积累了第1批5万人的学员群体，团队核心能力为产品研发和品牌营销产品，包括自我管理以及其他各类主题的训练营、线上线下课程、1对1辅导、B端授课、课程版权等，另外有书籍、训练手册、笔记本等周边产品。

再继续收敛到3年后，我32岁，已婚，有一个孩子，NOW主义扛过了3年的初创期，积累了学员2万人，拥有3个主题系列课程和配套手册以及3本书籍。

从10年到5年到3年，是一个持续收敛的过程。当然，时代变化很快，每个人的具体情况也不同，大家可以根据自己的预判范围，先制订一个3年或者5年的战略。

💡 人生战略是想出来的，更是打出来的

有了战略之后，再往下收敛，就到了我们的年度目标了。根据我的三、五、十年战略，我的2022年目标O一共有三个，分别是事业目标O：实现百万营收，正向盈利；家庭目标O：找到另一半，照顾好妈妈；健康目标O，坚持锻炼，保证精力充沛。

到了这一步，我们在之前第五章学习的目标管理工具，就体现出了它在人生战略中承上启下的作用。年度OKR可以将使命、愿景、价值观和战略具象化，分析出当中的关键结果指标KR，进一步拆解出计划P和事项ABC落地执行。

也就是说，做好目标管理，能使我们人生中做的每一件事都支

持我们实现人生愿景。

特别要注意的是，虽然从使命一直梳理到每日的事项ABC，看起来逻辑非常清晰顺滑。但我们必须想清楚一个问题：人生蓝图的规划一定是自上而下的吗？答案是：当然不。人生战略，是想出来的，更是打出来的。

我们来看两个等式，第1个等式：优势=天赋×投入，也就是说，想要培养自己的优势，除了去找到自己的天赋之外，投入也是非常重要的。甚至对于绝大多数人来说，投入的重要性远远大于天赋，因为投入是自己可以决定的事，但是能不能找到天赋，和运气、机会、家庭环境等，都有着很密切的关系。

《失控》的作者凯文·凯利就曾在给年轻人的建议中写道：对大多数年轻人来说，一个更好的座右铭是"掌握一些东西，无论什么东西"。通过掌握某种技能，你可以朝着能给你带来更多快乐的方向延伸发展，并最终发现你的幸福所在。

第2个等式：成事=优势×趋势，也就是说仅仅有自己的优势还不行，当我们想要做成一件事的时候，还需要有大环境的趋势。

小米联合创始人刘德曾经做过一场主题为"顺势而为的人生规划"的分享，在分享中他特别指出，小米创业八年做到市值几百亿美元，这不是一个人奋斗的结果，而是顺应了大时代的浪潮。所以，当我们做人生战略时，一定要看大势，顺应大势是把事做成的核心关键。

现在，再从头梳理一遍我的人生发展过程。从两岁半开始接触阅读，至今一直坚持读书和写作，并不断地升级自我管理能力。在自我精进的过程中，我碰到了大环境的趋势，包括被疫情放大的自我管理需求，日趋成熟的在线教育行业，以及个人IP和直播、短视频的新风口。这些因素相结合，帮助我描绘出了我当前的人生蓝图，使我走上了自我管理品牌NOW主义的创业之路。

从2012年创办电子杂志，到2015年开办公众号，再到2021年创办自我管理品牌，其实就是在不知不觉中，人生蓝图一步步变得更加清晰的过程。这就是前文提到的，战略是想出来的，更是打出来的。

做人生蓝图规划当然重要，但如果你还不是很清楚自己的使命、愿景和价值观。别着急，当前对于你来说更重要的，是做好当下的每一件事。

现在我们再来看图7-6的人生蓝图，应该对这个简单的金字塔架构有了更深刻的理解。

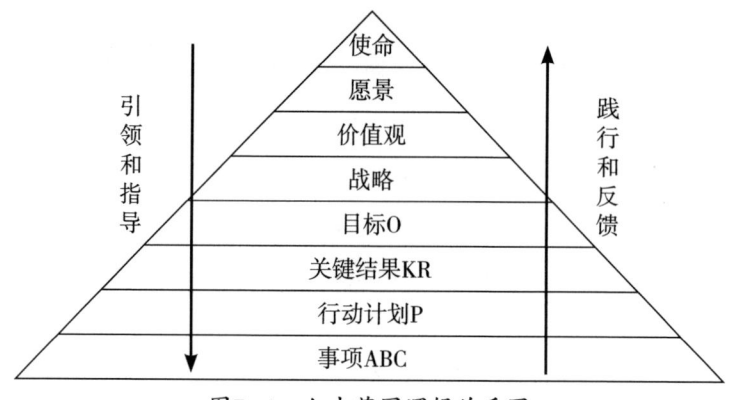

金字塔（从上至下）：使命 / 愿景 / 价值观 / 战略 / 目标O / 关键结果KR / 行动计划P / 事项ABC

左侧：引领和指导　　右侧：践行和反馈

图7-6　人生蓝图逻辑关系图

从使命、愿景、价值观到战略再到我们年度目标的制订、拆解和执行，是一个以终为始，以人生终极目标引领和指导当下行动的过程。

反过来，我们完成的每一件小事、达成的每一个计划、实现的每一个目标、接近的每一个战略，又是一个日拱一卒，真正落地践行人生使命的过程。

💡 即刻出发，永远在路上

问题是，当我们绘制了自己的人生蓝图，就可以过上无悔的人生了吗？并不是，可能这一生无论怎样活过，我们都避免不了要后悔，可能我们的使命、愿景永远也无法达成。可是那又如何呢？至少我们努力畅想和规划了人生，至少我们认真对待了每个当下。

比起去焦虑是否能达成，更重要的是立即出发。人生规划的起点不是对最终愿景实现的想象，也不是理想中自己应该活成的模样，而是当前我们每个人所处的真实位置。

这也是NOW主义一直想向大家传递的理念：最好的时间是现在，最不容易后悔的人生就是把握好每个当下。

那么，再让我们回到源头上问一问自己，我们为什么要学习自我管理？

刘擎老师在他的著作《刘擎西方现代思想讲义》当中提到，人类痛苦的两大根源是死亡和贪欲，因为每个人都面对着在有限的时间里如何应对自己无限欲望的问题。

而学习了自我管理的我们，更能够直面人生有限的事实，主动追逐自己认可的价值。同时，我们也能接纳并理解自己的欲望，倾听自己的内心，找到真正让自己愉悦的事。

最后，我想分享我最喜欢的一个句子，来自作家纳博科夫：人生如一道短暂的光缝，介于两片黑暗的永恒之间。

也就是说，在我们出生之前，这个世界上没有我们，在我们离开之后，这个世界上也同样没有我们。而人生，就是这一道短暂的光缝，存在于两片黑暗的永恒之间。

犹记得第一次读到这句话的时候，我感受到了来自心灵深处的震撼。一想到人生竟如此短暂，就会意识到痛苦也弥足珍贵，而快乐更是生命的馈赠，要感恩活着的每一刻。

愿我们一起度过被愿景和目标引领，而不是被恐惧和焦虑围绕的一生。

本章小结：梳理自己的人生逻辑，精准努力

人生是一段有限的时间，人生规划就是在思考如何将有限的人生活得有质量、有意义。可以通过绘制人生蓝图的方式，找到并从事热爱又赚钱的事业，活出自己的理想人生。

绘制人生蓝图，可以先回答三个问题：我是谁？我在哪？我要到哪里去？

通过梳理过往的经历、自己的价值观、做性格测评以及收集身边人的评价，我们可以对当前真实的自己有一个大致的了解。进一步，通过点线面体定位法、ikigai生命价值探寻四步法，我们可以梳理出自己当前的人生位置。基于此，我们的使命、愿景和价值观已经一步步变得清晰，再结合人生战略三问及对三年、五年、十年战略的推导，人生蓝图已初现雏形。

当然，梳理本身并不能保证人生规划一定能够达成，人生蓝图也不能替代真实的行动。在人生规划的道路上，我们要不断地确定当前人生阶段的重点，及时调整方案并积极落地执行，一步步引导自己活出理想的人生。

> **落地作业** 借助性格测评,梳理你的优劣势

人生蓝图不是一步梳理出来的。我们可以先从第一步了解自己开始,请你至少完成三个性格测评,并结合自己的过往经历梳理出自己的优劣势,向着自己的人生蓝图迈出第一步。

推荐测评:大五人格测试、MBTI性格测试、盖洛普优势识别器、DISC性格测评、PDP性格测评、霍兰德职业兴趣测试。

> **加餐小锦囊** 有关人生规划常见的5个问题

Q1:为什么经常想太多却行动不起来?

因为想的结果就是想,是虚幻的,看不见的,没有任何反馈,所以"想—想"内部完成闭环,第二天起来继续想。

而做的结果是可视的,不管是写出来、讲出来、做出来,都会给你反馈,所以"做—反馈—继续做—反馈"产生闭环,持续推动事情发展。

焦虑是对未知的恐惧。人的成长过程,就是从想象中走出来,逐步接近现实的过程。现实不一定美好,但足够真实,比起活在虚幻的想象中更令人安心。

Q2:走到岔路口上,选择很多,但不知道哪个是对的,也没有特别笃定的,怎么办?

人生是没有对错的，不存在"唯一正确的人生道路"，你走哪条哪条就是对的，因为它就是唯一会发生的事情。

Q3：经常设想得很好但最终结果很失望，如何降低期望值？

人们普遍会对未来过度自信，高估自己的能力，低估现实的困难。想要弥合这个一定会存在的认知偏差，唯一的方法就是事前规划加事后复盘。不断地和现实碰撞，更加清晰地了解自己的能力边界，这样未来再作出预判的时候，就更容易接近真实情况。

Q4：总想改变或者逃离不舒服的环境怎么办？

能"改变"就去"改变"，能"逃离"就去"逃离"，想做就去做，而不是"想"。

Q5：怎么把一件不那么喜欢的事变得喜欢？

持续刻意练习，建立自己做这件事的成就感，直到自己非常擅长做这件事，就自然喜欢了。喜欢和擅长是相伴相生的，喜欢就擅长，擅长了也会喜欢。

后　　记

　　感谢你结束了十万余字的文字冒险，顺利地抵达了终点。希望在这趟旅程中，你收获了一些对自己有帮助的认知、工具和方法，准备或已经开始付诸实践，也期待你的生活因为落地行动而有了真正的积极改变。

　　改变，一个充满希望、蓬勃向上的词。几乎所有人都想要成为更好的自己，都期待活出理想的人生。而我有幸在从事教育工作的过程中，陪伴并见证了一位位同学的成长和蜕变。这让我更加相信，人是可以改变的，只是需要系统的、科学的方法，以及扎实的、路径清晰的行动。

　　今天我在这本书中分享的所有内容，是我个人11年来自我管理实战的经验，也是这一路走来，许多优秀前辈、朋友以及书籍给予我慷慨指导的总结。

　　如果你觉得它们有用，也请你帮忙推荐给你身边关心的人。一个人努力难免会有疲惫的时候，但当身边有一群人和自己一起努力时，我们就能从彼此的行动中汲取能量。

　　在我创办的NOW主义社群中，我们把这种共同成长的方式叫作"夹持同行"。是的，你没有看错，是"夹持"，也就是一个人把另一个人夹在胳膊底下跑的意思。我们甚至还为它特意匹配了一个表情包，一个小人胳膊下夹着另一个小人，快乐地向前冲。

　　人生长路漫漫，我们总会遇到困难，也总会有想要"躺平"的时刻。那不妨大家一起抱团取暖，轮流"躺平"。你累了，就歇歇，我扛着你继续努力，等你休息好了，一起加入我们。反之，我累了，也可以安心躺平，因为我知道，等我充满电了，看到正在加油前行的你，我也一定会毫不犹豫地跟上。

答应我，在人生成长的道路上，一定给自己找一帮这样的战友，把这条艰难又精彩的路，长长久久地走下去。

在这本书的最后，我想特别感谢最初选择信任我的学员们，从2020年3月我创办的第一期自我管理训练营，到如今更加专业和细分的时间管理、目标管理、学习管理、人生复盘规划等主题的训练营。同学们宝贵的信任、踏实的践行和实实在在的成果，一直在激励着我。你们是我人生的共筑者，也是这本书的共创者。

其中，东东、双雅、JIE、阳、王喆、灵儿、YONG、悦儿、小米、司云龙、刘志敏、木木介介、施宇宙、久树、陆颖等同学，用自己宝贵的时间提前阅读了本书的初稿，并结合自己的学习实践和感悟，提出了许多帮助读者更好理解和践行的修改建议，在此向大家表达诚挚的谢意。

感谢一直指导和引领着我的金凤姐，在我最迷茫之时给予我帮助和鼓励，让我有勇气走出人生的低谷期，向着梦想进发。我们既是合伙人，也是一生的挚友、家人。

感谢我的前辈孔洪强孔哥，教会我在创业的道路上，如何磨炼自己的心力、韧劲，并永远保持赤忱和热爱。

感谢我的高中老师王丽涛、梁欣欣，以及我的好友王莹、史丽丝、汪晶、高黎强、徐赟、邱明月、黄殿源、徐涛、张晨、林舒婷、刘刘。时光荏苒，许多朋友已许久未见，但仍对我的求助给予了第一时间的帮助，共同推进了这本书的诞生，不胜感激。

感谢我的妈妈，给予我生命以及无条件的爱。我知道这些年我在离家5000公里以外的城市工作打拼，你没有一刻不担心不忧虑。

后　记

但坚强智慧如你，把这爱化作了等待，化作了信任，化作了理解，我想这世界上没有谁比你更加坚信："纯纯一定能行！"你是我最好的朋友，最理解我的倾听者，我最坚强的后盾。做你和爸爸的女儿，是我人生中最幸运的事。

最后，感谢在遥远星空一直陪伴我的爸爸。不知不觉三年时间过去了，想到你还是会心痛，我此刻坐在屏幕前泪流满面地敲下这些字。爸，女儿创业经历了很多困难，但坚持下来了，现在小有收获，还要出书了呢。每当我思念你，就会去翻看你的照片，看到你笑起来乐呵呵的样子，我就知道你没有走远，一直在呢，在我身边，在我心里。爸，你知道吗，你是无论什么时候想到，都让我觉得温暖又安心的存在。想成为和爸爸一样的人，爱自己，爱家人，爱音乐，爱摄影，爱一切美好的事物，淋漓尽致地活在当下。怀着这样的心情，我正在认真努力地活好每一天。

既然生命终将结束，那我诚挚地祝愿，每个人都能活出自己的理想人生，尽情地去爱自己，爱身边的人，爱这个世界。

茫茫世间，一切都有随机性，唯有爱不是。它那么笃定，那么热烈，那么浑然不知。

太阳和太阳照耀的一切，终将结束，唯有爱永存。

最好的时间是现在，带着爱和祝福，让我们一起启程，认真、踏实、全力以赴，活出自己想要的人生。

推荐阅读书单

1.《OKR工作法：谷歌、领英等公司的高绩效秘籍》，中信出版集团。
2.《福格行为模型》，湛庐文化。
3.《奇特的一生》，海燕出版社。
4.《高绩效教练》，机械工业出版社。
5.《把时间花在刀刃上》，民主与建设出版社。
6.《终结拖延症》，机械工业出版社。
7.《掌控：开启不疲惫、不焦虑的人生》，北京联合出版公司。
8.《我的情绪为何总被他人左右》，机械工业出版社。
9.《情绪：影响正确决策的变量》，中译出版社。
10.《管理的实践》，机械工业出版社。
11.《见识》，中信出版社。
12.《吃掉那只青蛙》，机械工业出版社。
13.《金字塔原理》，南海出版公司。
14.《思考，快与慢》，中信出版社。
15.《富兰克林自传》，译林出版社。
16.《高效能人士的七个习惯》，中国青年出版社。
17.《了不起的我：自我发展的心理学》，台海出版社。
18.《百岁人生：长寿时代的生活和工作》，中信出版社。
19.《优秀到不能被忽视》，湛庐文化。
20.《失控：全人类的最终命运和结局》，新星出版社。
21.《刘擎西方现代思想讲义》，新星出版社。